SHIYONG LIYI

实用礼仪

主　编　李　洁
副主编　易晓艳　李　威　黄恩明
编　委　黄海宁　姚　力　韦星羽　周伟彬
　　　　谢碧宇　杨　满　谭桂芹　梁　瑞
　　　　麻燕飞　彭宇愉　李　军　夏龙生
　　　　张双才　林汉福　邓忠华

GEP 广西教育出版社
南宁

前言

礼仪是衡量一个人文明程度的准绳。它不但反映一个人的交际技巧与应变能力，还反映一个人的气质风度、阅历知识、道德情操、精神风貌等。礼仪不仅能反映一个人的内在修养和气质风度，更能展现一个国家、一个民族的整体精神风貌和文明程度。因此讲究礼仪、重视礼仪，是国家提升形象、全面发展的关键之一。

随着经济全球化的发展，社会组织及个人的交往范围也相应地不断扩大，人与人之间的交往变得更为复杂和多样。在纵横交错的社会关系网络中，人们需要运用礼仪知识来规范自己的言行、处理人际交往中的各种问题。了解和掌握基本的礼仪，是每一名社会成员必须做到的。对职业院校的学生而言，学习社会人际交往的相关礼仪，有利于他们规范个人的言谈举止，熟悉待人接物的基本常识，提升个人道德素养，为走向社会、获取成功打好基础、做好准备。这也是《实用礼仪》编写的目的所在。

为了满足职业教育的发展需要，在《实用礼仪》这本书的编写过程中，编者参阅了相关礼仪书籍和文献资料，并在此基础上做了总结、归纳和整理，力求使该书贴近社会现实和学生实际，具有操作性和实用性。在此，谨向各位研究礼仪的专家、学者表示衷心的感谢。

《实用礼仪》作为职业院校学生的素质教育读本，具有知识性、实用性和趣味性相结合的特点。希望阅读该书的学生，能在原有的交际礼仪知识的基础上，获得更广阔的视角，具备更全面的能力与素养。

因编者学识有限，疏漏之处在所难免，恳请各位专家、读者批评指正。

编　者

2019年8月

目录

第一章　礼仪概述 …… 1

第一节　礼仪的含义及内容 …… 1

一、礼仪的含义 …… 2

二、礼仪的内容 …… 2

第二节　礼仪的特性、原则与功能 …… 4

一、礼仪的特性 …… 4

二、礼仪的原则 …… 7

三、礼仪的功能 …… 8

第二章　个人礼仪 …… 13

第一节　仪容仪表礼仪 …… 14

一、仪容礼仪 …… 14

二、仪表礼仪 …… 17

第二节　仪态礼仪 …… 33

一、表情 …… 33

二、站姿 …… 35

三、坐姿 …… 36

四、走姿 …… 37

五、蹲姿 …… 38

六、手势 …… 40

第三节　语言沟通礼仪 …… 41

一、倾听 …… 41

二、说话 …… 45

第三章　社会生活礼仪 ………………… 51

第一节　通信礼仪 ………………… 51

一、电话礼仪 ………………… 52

二、传真礼仪 ………………… 56

三、手机短信礼仪 ………………… 57

四、网络礼仪 ………………… 58

第二节　校园礼仪 ………………… 62

一、师生之间的礼仪 ………………… 62

二、同学之间相处的礼仪 ………………… 64

三、校园公共场所礼仪 ………………… 66

第三节　家庭礼仪 ………………… 71

一、晚辈对待长辈的礼仪 ………………… 71

二、同辈之间的礼仪 ………………… 72

三、邻里礼仪 ………………… 74

第四节　公共场所礼仪 ………………… 76

一、交通场所礼仪 ………………… 76

二、购物场所礼仪 ………………… 87

三、文化交流场所礼仪 ………………… 90

四、运动休闲场所礼仪 ………………… 92

第四章　职场礼仪 ………………… 99

第一节　求职礼仪 ………………… 100

一、求职前的准备工作 ………………… 100

二、面试的基本礼仪 …………………… 104
三、面试后的礼仪 ……………………… 107
第二节　工作礼仪 ……………………… 109
一、工作态度 …………………………… 109
二、工作时的仪容仪表…………………… 110
三、办公室一般礼仪 …………………… 111
四、工作礼仪禁忌 ……………………… 112
五、与领导相处的礼仪…………………… 113
六、与同事相处的礼仪…………………… 115
第五章　社交礼仪 …………………… 118
第一节　宴会礼仪 ……………………… 119
一、宴会的种类 ………………………… 119
二、宴会的筹备 ………………………… 120
三、赴宴礼仪 …………………………… 121
四、进餐礼仪 …………………………… 123
第二节　馈赠礼仪 ……………………… 125
一、馈赠的时机 ………………………… 126
二、礼品选择的原则 …………………… 128
三、赠送礼物的礼仪 …………………… 129
四、接受礼物的礼仪 …………………… 129
第三节　公务迎送礼仪 ………………… 130
一、公务迎送礼仪的原则………………… 130
二、接待前的准备 ……………………… 130

三、接待礼仪 …………………………… 132
四、送客礼仪 …………………………… 134
第六章　涉外礼仪 ………………………… 137
第一节　涉外礼仪的基本原则 …………… 137
第二节　出国旅行的礼仪与常识 ………… 140
一、出国前的准备 ………………………… 140
二、基本礼仪与常识 ……………………… 142
参考文献 ………………………………… 145

第一章　礼仪概述

经典
名句

人无礼则不生，事无礼则不成，国家无礼则不宁。

——《荀子·修身》

礼仪是人类社会发展到一定阶段的产物，是人类步入文明社会、摆脱野蛮的明证。作为人类文明的结晶之一，礼仪的出现标志着一个国家、一个民族文明的开始，礼仪的完善程度决定着一个国家、一个民族开化的程度。

本章主要介绍礼仪的概念与含义，探讨现代礼仪的特性、原则及功能。

第一节　礼仪的含义及内容

礼仪是在人类漫长的历史进程中发展起来的。它经历了一个从无到有、从粗浅到成熟、从零散到系统的演进过程。

一、礼仪的含义

在古代，对礼仪的理解主要有两种：其一是指统治阶级制定的涉及政治、经济、军事、文化等内容的典章制度，它要求全体民众遵守执行；其二是指社会民众在长期的社会交往过程中自发形成的，得到共同认可的行为规范、思想道德标准及各种正式的仪式。

在现代社会，上述的第一种含义已经消失了。所谓礼仪，就是指人们在社会交往、人际沟通中受历史传统、宗教信仰、风俗习惯、时代内容等因素的影响而逐渐形成并需要社会全体成员共同遵守的行为规范的总和。

总而言之，礼仪就是人们在社会交往活动中应共同遵守的行为规范和准则。

二、礼仪的内容

礼仪在发展、完善的过程中，涉及的范围越来越广，涵盖的内容也越来越丰富。

1. 礼仪的构成要素

礼仪一般包含礼仪主体、礼仪客体、礼仪媒体、礼仪环境四大构成要素。

（1）礼仪主体

礼仪主体即礼仪活动的操作者和实施者。一般而言，礼仪主体可分为两类，即个人主体和组织主体。当礼仪活动由个人来操作、实施时，个人就成了礼仪主体，一般这种礼仪活动的规模都比较小，程序都比较简单，如举办婚礼、举行葬礼、筹办生日宴会等；当礼仪活动由组织来操作、实施时，组织就成了礼仪主体，一般这种礼仪活动的规模较大，程序较为复杂，如毕业典礼、公司成立庆典等。

当然，个人主体与组织主体的划分并不是绝对的，在某些特定的条件下，个人主体同时也是组织主体。比如，某公司的总经理去参加与另一公司的签字仪式，他既是个人主体，又是组织主体。

（2）礼仪客体

礼仪客体即礼仪活动的对象，是礼仪活动的指向者和承受者。礼仪客体的外延很广。它可以是人，也可以是物；可以是有形的，也可以是无形的；可以是物质的，也可以是精神的；可以是具体的，也可以是抽象的。礼仪客体与礼仪主体同样重要。失去了客体，礼仪活动就失去了实施的对象，主体也就随之失去了意义。

值得注意的是，礼仪主客体之间的关系也不是绝对的。在一定的条件下，主客体之间可以相互转化。比如，小张去小王家做客，过了几天，小张邀请小王来家里做客。另外，在某些礼仪活动中，组织或个人可以既是主体又是客体，如某场互赠仪式、某次互帮互助活动等。

（3）礼仪媒体

礼仪媒体即进行礼仪活动所要依托的媒介、载体。任何礼仪活动都必须有礼仪媒体，否则礼仪的主客体之间就无法传达信息、进行交流。礼仪媒体根据不同的礼仪活动有不同的种类，大体而言，可以分为人体礼仪媒体、物体礼仪媒体和事体礼仪媒体三大类，其中的每一大类又可根据具体情况分出若干小类。

当然，在具体的礼仪活动中，不同种类的礼仪媒体并不是相互独立的。在很多场合下，礼仪媒体往往是相互配合、交叉使用的。比如，当晚辈向长辈祝寿时，赠送的礼物、鲜花等为物体礼仪媒体，祝贺的话语、赠礼时的姿态等为人体礼仪媒体。

（4）礼仪环境

礼仪环境即礼仪活动得以进行的具体的时空条件。一般而言，礼仪环境可以分为自然环境和社会环境两类。天气、季节、时间等属于前者，时代、文化、历史等属于后者。礼仪环境对礼仪活动做出了严格的制约和规定，采用何种礼仪活动需要视具体的环境而定。比如，可以送百合花给中国的女士，却绝不能送百合花给英国的女士，因为在英国，白色的百合花是用来悼念逝者的；大型的宴请活动可以在晚上举办，却不宜在早上举办。

2. 礼仪的分类

（1）根据礼仪主体不同分类

根据礼仪主体的不同，礼仪可以分为教师礼仪、学生礼仪、护士礼仪、医生礼仪、秘书礼仪、司机礼仪、交警礼仪、主持人礼仪、演员礼仪等。不同的社会职业一般都有与之相对应的礼仪规范。

（2）根据表现形式不同分类

根据表现形式的不同，礼仪可以分为言语礼仪、仪表礼仪、行为礼仪等。

（3）根据场合不同分类

根据实施礼仪的不同场合，礼仪可以分为家庭礼仪、学校礼仪、办公室礼仪、公共场所礼仪等。

（4）根据适用范围不同分类

根据适用范围的不同，礼仪可分为社交礼仪、商务礼仪、政务礼仪、服务礼仪、旅游礼仪、涉外礼仪、求职礼仪等。

阅读材料

曾子避席

曾子是孔子的弟子，有一次他在孔子身边侍坐，孔子就问他："以前的圣贤之王有至高无上的德行、精要奥妙的理论，用来教导天下之人，人们就能和睦相处，君王和臣下之间也没有不满，你知道这是为什么吗？"曾子听了，明白老师孔子是要指点他最深刻的道理，于是立刻从坐着的席子上站起来，走到席子外面，恭恭敬敬地回答道："我不够聪明，哪里能知道，还请老师把这些道理教给我。"

这个故事出自《孝经》，这里的"避席"是一种礼貌的行为，当曾子知道老师孔子要向他传授道理时特地站起来到席子外面聆听，表示了曾子对孔子的尊重。

第二节　礼仪的特性、原则与功能

礼仪涉及人类社会的各个方面，内容纷繁复杂。这就要求我们了解礼仪的特性、原则和功能，以便更好地学习礼仪、运用礼仪。

一、礼仪的特性

礼仪在漫长的发展进程中，不断地吸纳各个时代的内容，因而在特性上也呈现出丰富多样的面貌。

1. 文明性

礼仪是人类精神文明的结晶之一，是社会文明和进步的标志。从茹毛饮血到共享狩猎成果，从迷信敬神到崇尚科学，从断杀争战到热爱和平，人类不懈地追求着美与文明。文字的发明，更进一步推动了人类前进的步伐，使人类能够运用语言文字来表达文明、宣传文明、创造文明。文明实现了人类对人、对己的尊重。这种尊重与日常生活有机地、自然地、和谐地融合在一起，成为我们生活工作、交际往来中的行为规范。每个人都自觉地遵守着这种规范，通过文明礼貌、敬人律己来展现个人的文明和涵养。比如，在对己方面，要求自己保持干净整洁、穿着适时合体、言谈文雅贴切、举止大方得体等；在待人方面，要求自己以礼相待、热情周到、尊重他人、以和为贵等。总之，礼仪是人类文明的体现，是现代文明重要的组成部分。

2. 规范性

礼仪是在长期的社会实践和交往活动中形成的，是一种被大多数的社会成员认可，并用来衡量与评价人的行为的标准。很多礼仪，都以传统、风俗和习惯等相对固定的方式保存了下来，约束着人们的言行举止。因此可以说，礼仪本身就是一种规范，我们在社会生活的各个方面都应自觉遵守礼仪。礼仪具备规范性，它不但对个人的言谈话语、行为举止做出了毫不含糊的规定，还是人们在一切社交场合能够畅行的“通行证”。通过礼仪，人们判断着自己也衡量着他人。当然，礼仪的规范性要受到礼仪环境的制约，要视具体的情况而定。不分情况、不分对象地坚守某一礼仪，只会适得其反。

3. 普遍性

礼仪在任何国家、任何民族、任何时代都存在。大体而言，礼仪贯穿了人类社会的始终，只要人类社会还存在，礼仪就不会消失。礼仪遍及人类社会的各个领域，从政治到经济，从文化到教育，从体育到军事，从宗教到民族，礼仪可谓无所不及、无所不包。礼仪还渗透于社会的各种人际关系之中。无论是家庭成员关系，还是工作伙伴关系，无论是长幼关系，还是同辈关系，无论是熟人间的关系，还是陌生人之间的关系，礼仪都会有所涉及。因此，说礼仪与人类社会如影随形毫不为过。

4. 共通性

礼仪作为一种文化形式，是有共通性的。也就是说，尽管人们分居于世界各地，尽管现代生活纷繁复杂、千姿百态，许多礼仪在世界各地还是通用通行的，是跨越地域普遍存在的。例如，一些礼貌用语、庆典仪式的程序安排等，在世界各国大体上是通用的。虽然不同的国家、不同的民族在不同的时代内都有当时鲜明的时代特色和民族烙印，但就人类的普遍性而言，人与人之间要相互依靠、相互支持地生存和发展下去，就必须遵守一些最基本的道德准则和行为规范。这就决定了不同民族、不同地域的人们在不同的时代里所遵循的礼仪具有一定的共通性。正因礼仪具有共通性，所以世界各国可以在互敬互重的原则下友好往来，建立外交关系。

5. 多样性

礼仪具有多样性，首先因为礼仪涉及社会生活的各个领域，政治、经济、文化、宗教、军事、教育，每个社会领域都有各自不同的内容，礼仪也因此变得多种多样。其次，礼仪针对不同的社会成员，对他们各自扮演的角色提出了各不相同的要求。从教师到军人，从医生到文秘，从商务人员到服务工作者，礼仪对他们的言谈、举止、服饰、体态都有不同的要求和规范，对象的多样决定了礼仪的复杂多样。另外，不同的国家、不同的民族和不同的地区，都有着不同的民俗礼仪。几乎没有人能说得清世界上到底有多少种礼仪形式。总之，不管在内容上还是形式上，礼仪都可谓纷繁复杂、多种多样。

6. 差异性

礼仪的差异性表现为礼仪的民族性、地域性和针对性。所谓民族性，就是指不同的国家、不同的民族因为文化传统、生活习惯、宗教信仰等不同而导致的礼仪的差异性。所谓地域性，就是指因居住环境、文化氛围不同，即使是同一民族的礼仪也会表现出差别。所谓针对性，是指同一礼仪形式在不同的场合针对不同的对象时，会有差异。比如，法国人见面时喜欢行亲吻礼，可是亲吻男子与亲吻女子的方式就有区别。再比如，在同一场合，与熟人握手同与陌生人握手的力度就不一样。

7. 传承性

任何国家的礼仪都是在本国古代礼仪的基础上发展起来的，任何民族的礼仪文化都离不开对本民族文化的传承。每一个国家、每一个民族的礼仪都是本国、本民族传统文化的重要组成部分。离开了对传统文化、传统礼仪的传承、扬弃，就不可能形成具有民族特色的当代礼仪。作为一种人类文明的积淀，礼仪中的精华部分不会因社会制度的更替、社会历史的变迁而消失，而会在人们的社会实践中留存下来并将一直流传下去。对传统的礼仪，不应当全盘照用，而应当取其精华、去其糟粕。

8. 发展性

任何一种礼仪都不是绝对不变的，它会随着社会的发展、时间的推移而不断发展变化。在某一时代被人们认可的礼仪，在另一个时代可能就令人无法接受。如在中国古代，平民见官要下跪磕头，可是在现代，没有人会使用这样的见面礼。失去了实施的主体，礼仪也就失去了存在的依据。因此，礼仪要想获得生命力，就必须根据时代的特征和要求进行发展更新。及时地摈弃一些不合时宜的东西，吸收一些现代文明的养料，礼仪才能紧扣时代的脉搏，长久地留存下去。总之，不能将礼仪看作一成不变的东西，而要以发展的眼光去对待它，使它适应时代发展的需要。

9. 操作性

礼仪并不是一种束之高阁、纸上谈兵的东西，我们要在实际的操作和实践中发挥其作用。了解礼仪、学习礼仪、掌握礼仪规范，都是为了能够在现实生活中运用它、实施它。再复杂的礼仪，也是为了能让人操作而存在的。有些礼仪虽是对人内在修养的要求，但它最后必定会以一种外在的形式表现出来。每一种礼貌、礼节、礼俗或仪式，都会在具体的细节操作上对人们提出要求。可以说，礼仪存在的意义在于它的切实可行、适用有效。正是因为礼仪的操作性，它才能被人广泛地运用于交际实践，并在人的运用中不断发展。

二、礼仪的原则

礼仪的原则是人们在具体的社会交往活动中处理人际关系的指导思想。把握礼仪的原则，能使人更好地应对各种人际交往，在各种社交场合中表现得当。

1. 遵守

在社会生活中，每个人都必须自觉地遵守礼仪，用礼仪去规范自己在交际活动中的一言一行、一举一动。遵守是对行为主体提出的基本要求，更是人格素质的基本体现。遵守礼仪规范，才能赢得他人的尊重，确保交际活动达到预期的目标。

2. 尊重

尊重是礼仪的情感基础。人与人之间彼此尊重，才能保持和谐愉快的人际关系。尊重原则是指在自尊自爱的基础上，尊重他人的人格、劳动、价值

和感情等。

3. 真诚

真诚是一种实事求是的态度，是待人真心实意的表现。在与人进行信息传递、情感交流、思想沟通时，诚信无欺，言行一致，表里如一，不说谎，不虚伪，不骗人，不侮辱人等都是真诚的表现。

4. 平等

平等是人与人交往时建立情感的基础，是保持良好人际关系的诀窍。现代礼仪是在平等的基础上形成的，是一种彼此间相互平等关系的体现。

5. 适度

礼仪是一种程序规定，而程序规定自身就是一种“度”。没有“度”，施礼就可能进入误区。交往应把握礼仪分寸，得体适度，根据具体情况、具体情境行使相应的礼仪。例如：在与人交往时，既要彬彬有礼，又不能低三下四；既要热情大方，又不能轻浮谄谀；要自尊却不能自负；要坦诚但不能粗鲁；要信人但不能轻信；要活泼但不能轻浮；要谦虚但不能拘谨；要老练持重，但又不能圆滑世故。

6. 宽容

人们在交际活动中运用礼仪时，要严于律己，更要宽以待人。要适当容忍他人，体谅他人，理解他人，千万不要求全责备，斤斤计较，过分苛求，咄咄逼人。

7. 从俗

在人际交往中，交往各方都应了解、尊重各自的风俗、习惯。由于国情、民族、文化背景的不同，人际交往实际上存在“百里不同风，千里不同俗”的情况。在不违背原则的前提下，尽量入乡随俗，与绝大多数人的习惯做法保持一致，切勿随意批评、否定他人。

三、礼仪的功能

礼仪有许多的功能，了解礼仪的功能，能使我们明白礼仪的重要性，更好地提倡礼仪、讲究礼仪，用礼仪规范自己。

1. 提高个人修养

在人际交往中，礼仪往往是衡量、评判一个人道德修养和文明程度的准绳。一个人只有在内心树立良好的道德观念，通过自我约束的方式不断提高

自身的修养，才能使自己的言行举止符合礼仪规范。言行举止能够细致地反映一个人的气质风度、涵养情操和精神风貌。学习礼仪、讲究礼仪，能够帮助个人提高自身修养，在不断地自我要求、自我约束中实现文明程度的提升。

2. 完善个人形象

个人形象即一个人的仪容、仪表、仪态，以及言谈、举止、风度等各方面的总和，而礼仪在上述诸方面都对人做出了要求。因此，通过学习礼仪，运用礼仪，无疑能帮助我们更好、更规范地注意、维护和改善个人形象，使我们在举手投足间充分地展示良好的素养和优雅的风度。礼仪通过这样由外到内的规范，帮助我们完善自我形象，从而更好地投身于多样的社交活动中。

3. 协调人际关系

处于社会生活中的人，不可避免地要同他人进行交往活动。在人际交往中，礼仪首先是打通人与人关系的桥梁。通过运用礼仪，不相识的人开始互相传递信息、交流思想。其次，礼仪是人与人之间加深交往的催化剂。通过运用礼仪，不熟识的人相互加深了解、沟通感情，在礼尚往来中增进彼此间的情谊。最后，礼仪是改善人际关系的调和剂。通过运用礼仪，产生矛盾和摩擦的人彼此谅解、相互尊重，在真诚的交往中冰释前嫌，获得彼此的理解与信任。由此可见，礼仪能够帮助我们更好地开展交际活动，切实地起到协调人际关系的作用。

4. 塑造组织形象

要树立良好的组织形象，首先要对组织内部成员的装束仪表、服务态度、行为举止、精神风貌等提出要求，一个形象佳、素质高的组织无疑会给公众留下良好的印象；其次要营造良好的文化氛围和办公环境，一个理念新颖、环境整洁的组织无疑会赢得合作伙伴的好感与信任。这些都需要礼仪作为指导原则。由此可见，礼仪是塑造组织形象的基础所在。不讲究礼仪、不重视礼仪的组织，不但无法塑造良好的社会形象，而且不具备发展壮大的潜力。

5. 促进国际交往

经济全球化的推进，使我国与世界各国的往来日益增多。在国内，越来越多的个人或社会组织走出了国门，进行各项活动；同时，越来越多的外国人及国外社会组织也迈进中国的大门，与中国进行各方面的相互往来。这就需要我们研究和重视他国的礼仪礼俗，在交往中表达对对方的尊重与友好，通过文明礼貌的行为收获良好的交际效果，促进国际交往活动的顺利进行。遵

守涉外礼仪，尊重其他国家、其他民族的礼仪规范，是国际交往的关键。

6. 推进精神文明建设

礼仪是对日常生活行为的具体要求，这些行为关系着一个国家、一个民族的精神风貌和文明程度。重视礼仪礼节有助于规范每个社会成员的行为，使人与人的关系变得更和谐，能有力地提升整个社会的精神文明水平。提倡讲究礼仪，引领社会全体成员做到文明礼貌，必将有利于推进社会主义精神文明建设。

思考

（一）

鲁迅先生说：“中国欲存争于天下，其首在立人，人立而后凡事举。”“立人”的意思便是要完善人的思想和文明修养。人的文明修养并不是与生俱来的，而是靠后天不断完善的。要努力使自己的一言一行都符合礼仪的规范，符合道德的标准，如此，自己的修养便会得到完善。个人道德修养的完善，是推进社会公共文明的基础。

（二）

有记者访问一位科学家，问道：“教授，您人生最重要的东西是在哪儿学到的呢？”教授说：“在幼儿园。在那里，我学到了令我终身受益的东西。比如，有好东西要与朋友分享，要谦让，对老师要有礼貌，吃饭前要洗手……”

（三）

我们从小就接受文明礼仪的教育，可是校园中时不时可见随意丢弃的食品袋、饮料瓶，时不时听见某些同学口吐脏话……难道我们都是“语言的巨人，行动的矮子”吗？

阅读以上几段文字后，请谈谈你的感想。

本章小结

本章先引出礼仪的含义，接着重点介绍礼仪的特性、原则与功能，使同学们形成对礼仪的初步认识，从而增强学习礼仪知识的自觉性。

活动与探索

1. 阅读以下文段并回答问题。

据说有人把于右任先生写的“不可随处小便”重新组合、装裱，制成“小处不可随便”的条幅用以律己。其实，“小处不可随便”是中国人自古以来的一条处世原则。还有成语“莫踬于山，而踬于垤”，比喻小问题易被忽视而酿成大错，以告诫人们要注意细节。

小处端正的人往往能取得人们的信任。有一名年轻人多次应聘均未被录用。有一次，他来到了一家银行面试，礼貌地说完再见，便转过身低头往外走去。忽然，他看见地上有一枚大头针，横在离门口不远的地方。他知道大头针虽小，弄不好也能对人造成伤害，就弯腰把它捡了起来。第二天，他接到了这家银行的录用通知书，这出乎了他的意料。原来，他捡大头针的行为被董事长看见了。从这个不经意的小动作中，董事长发现了他品格中的闪光点：这样精细的人是很适合做银行职员的。于是，董事长改变主意决定聘用他。这名年轻人也因此得到了施展才华的机会，走向了成功之路。

你是怎样理解“小处不可随便”的？

2. 搜集一两则关于中国古代礼仪的佳话，并与同学分享。

练习与思考

1. 简述礼仪的含义和内容。

____

____

2. 礼仪的构成要素有哪些？不同的构成要素之间有何联系与区别？

____

____

3. 礼仪的特性是什么？

____

____

4. 简述礼仪的原则和功能。

____

____

第二章　个人礼仪

经典
名句

步从容，立端正，揖深圆，拜恭敬。
勿践阈，勿跛倚，勿箕踞，勿摇髀。
缓揭帘，勿有声，宽转弯，勿触棱。

——《弟子规》

个人礼仪是所有礼仪中最基本、最重要的内容。个人礼仪不但能够反映一个人的内在修养和气质风度，还是社交活动成功进行的一大关键。讲究个人礼仪，有助于我们提升自我形象。

本章先讲述仪容仪表礼仪，并介绍护肤、化妆、着装、饰物佩戴等知识，然后介绍仪态礼仪，介绍社交场合良好站姿、坐姿、走姿、蹲姿的要求，介绍各种手势的含义，最后介绍语言沟通礼仪，其中包含倾听、说话的技巧。

第一节　仪容仪表礼仪

仪容仪表是一个人精神面貌、文明素养的外在表现，是组成个人形象的重要因素。一个人对另一个人的第一印象，往往影响今后与之交往的密切程度。因此，我们应该重视仪容仪表，时刻展现自己最佳的一面。

一、仪容礼仪

每个人的先天容貌是无法改变的，但后天的修饰可以弥补不足，使一个长相普通的人变得楚楚动人，使一个五官平凡的人变得气质出众。通过努力学习，不断提升个人的文化、艺术素养和思想、道德水准，可以培养高雅的气质，塑造美丽的心灵。这不仅体现个人对美的追求，也满足社会交往的需要。

1. 基本仪容规范

（1）头发

头发是个人容貌的一部分，无论男士、女士都要保持头发的干净与整洁。要选择适合自己的发型，头发的长短应根据个人的需要进行修剪。若要烫发、染发，则应遵从美的标准，切不可将发型做得过于夸张。另外也不要频繁地烫染，以免损害发质。对缺乏营养、失去光泽的头发，应及时进行保养。

（2）面部

面部是个人容貌最重要的部分，要注意保养和修饰。洁面、护肤都是必做的工作，要时刻保持脸部的干净、清爽。脸部的分泌物应及时地擦去，进食、淋雨后应对脸部进行检查，以免在脸上留下不雅观的痕迹或食物的残渣。不要随便掐抓脸部，用手接触脸时动作要轻柔，以免在脸上留下伤痕。脸色不好的人，应对脸部进行适当的修饰，或通过饮食、锻炼、休息等进行改善，以保证面部红润、气色佳。

（3）颈部

颈部是个人容貌中容易被忽视的部分，要对其进行适当的清理与保养。由于颈部常常暴露在外，因而清洁面部时应一并清洁颈部，以保证颈部皮肤的洁净。还应对颈部进行适当的护理，保持颈部皮肤的润泽。

（4）手部

手可以说是人的第二张脸，是人际交往中最常使用的。无论男女，都要经常洗手，保持手部皮肤的干净。指甲的长度要适宜，要注意经常修剪，指

甲周围的肉刺、皮屑等物也应及时清理。同时，要注意对手的保养和护理，可以通过按摩或擦抹护手霜等保持手部皮肤细嫩、有光泽。

2. 对女士仪容的建议

（1）发型

健康、美丽的头发可以增添女性的魅力，而合适的发型更能为女性平添风韵。应精心打理自己的头发，根据自己的脸形，扬长避短，选择最合适的发型。一款适合自己的发型应能弥补脸形、头形的不足，能突出脸上吸引人的部位。

另外，发型还应和身材相配。比如，身材矮小者选择能露出脖子的短发或盘发可以在视觉效果上增加身高。身材矮小者不宜留长发，也不宜将头发弄得蓬松，因为这样会使头部与整个形体的比例失调，使身材显得更加矮小。高瘦型的人，应该说身材是比较理想的，但容易给人细长、单薄、头部偏小的感觉。要弥补这些不足，发型宜饱满，长发、卷发都比较适宜。高大型身材的人给人一种力量美，为了适当减弱这种高大粗壮的感觉，可以选择大方、简洁、线条流畅的发型，如简单的短发、长直发或束发等。身材矮胖的人，头发应避免过于蓬松，也不宜是大波浪、长直发等。

总之，在发型的选择上，个人应根据自己的情况扬长避短，使发型与整体的效果相配，营造和谐统一的美感。

（2）脸部妆容

适度、得体的妆容，可以体现女性的美丽与大方。女性可以根据不同的社交活动和社交场合，适度地化妆，以达到美丽动人的效果。

化妆的主要步骤有上粉底、化眼妆、化鼻影、涂腮红、修容、涂口红、定妆等。以上化妆步骤有些可以省略。如果参加正式的宴会或其他活动，最好将所有的步骤一一做到，使自己呈现出最佳的状态。但如果是非正式场合，则可省略某些步骤，或对一些操作进行简化。总之，女士要根据具体的情况适时地打扮自己，以展现出自己最美丽的一面。

（3）美甲及香水的正确使用

①美甲。

美甲可以对女士的个人形象起到画龙点睛的作用。美甲一般包括修甲、按摩、涂甲三步。在选择指甲颜色、指甲上绘制的图案和添加的装饰时，应考虑自身生活工作的环境，例如：前台接待人员不宜涂黑色的指甲油，从事护理等工作的人不宜做美甲，以免影响工作。

②香水。

香水对女性而言是一种无形的装饰品。适当地使用香水能增添女性的魅力，给人良好的感觉。使用香水前要先对香水进行选择。一般而言，东方女性适用味道比较清淡的香水。年轻女孩可以选用水果香型的，给人甜美、可爱的感觉。成熟的女性可以选用花香型的，衬托出成熟、雅致的气质。

香水的使用方法主要分为喷式和抹式两种。若采用喷式，可以将香水拿至离自己 20~30 厘米处，对着空中轻轻按压香水瓶喷头，然后上前一步，让香水的雾气均匀地落在身上；若采用抹式，则可以用手指蘸取适量的香水，涂抹在太阳穴、脖子下部、手肘内侧、手腕内侧、耳后、胸前及膝盖后等处。另外，有些无色的香水也可洒在衣服上，尤其是秋、冬季，穿的衣服较厚时，洒到衣服上往往会比直接用到身上效果好。但要注意，不能将香水洒到衣服的显眼部位，而应洒在裙角花边、裙角里衬、衣领、袖口里衬等位置，或内衣、围巾、帽子、手套等物品上。

另外，香水也应配合季节使用。一般来说，春季用清淡的香水为宜，夏季用清爽的香水为宜，而秋冬季则可以用味道稍浓的香水，给人热烈、温馨的感觉。此外还应注意，不要一次用香水过多，少量而多处喷洒效果较好。受伤的部位和脸部都不宜使用香水，以免刺激皮肤。

3. 对男士仪容的建议

（1）头发

一般而言，男士应留干净整洁的短发，前面的头发不宜遮住眉毛，两侧的头发则不宜盖住耳朵，后面的头发不要长过衣领。男士应定期修剪自己的头发，可以适当地染发或烫发。另外，男士也应注意保养头发。如果发现自己的头发出现枯黄、易断、易掉的情况，应及时地护理头发，补充营养，以免给人缺乏活力、精神不振的感觉。

（2）面部

①剃须。

一般而言，男士不宜留胡须，为保持面部的清洁应每天剃须。

②面部护理。

一些男士对面部护理总是敬而远之，认为洗面奶、爽肤水、面霜等都是女性的专用品。但事实上，男士的运动量较大，再加上本身的生理因素影响，分泌比较旺盛，因此男士对面部进行护理并非没有必要。

男士护肤的第一步也是最基础的一步是进行面部清理。由于男士的汗液和油脂分泌量较多，而且在室外工作的机会也多，皮肤上容易积聚污垢和灰尘，所以洁面时最好使用专门的洗面奶，而不要只用水洗或用普通的香皂洁面，以免洗不干净或刺激脸部皮肤。

洁面后就应护肤，护肤品的选择也应根据个人的肤质而定。一般而言，干性皮肤者应选用滋润、保湿的护肤产品，油性皮肤者应选用有控油功能的产品。同时，护肤品也应根据季节来变换。夏天宜用比较清爽的护肤品，冬天则宜用滋润的护肤品。另外，往脸上涂抹乳液、乳霜时，不可随便乱涂乱抹，而应以轻柔的手法由里而外地涂，涂完后应检查一下，看看是否涂开涂匀。如果有时间，男士在平时也可以定期敷面膜，干净润泽的脸对男士而言同样重要。

③护唇及美牙。

不少男士没有护唇的概念，一些男士甚至认为干裂的嘴唇才能显示男人味。但起皮、干裂甚至有血口子的嘴唇不可能给人留下良好的印象。男士护唇基本要求是时刻保持唇部的滋润，因此可以使用无色的润唇膏来防裂。

美牙对男士而言也非常重要。除每日早晚刷牙外，男士可以用美牙的产品，如牙齿增白剂、牙粉等，必要时也可去口腔医院洗牙。另外，男士还应保持口腔的清新。对经常应酬的男士而言，可以随身带一支口气清新剂。

（3）手部

男士也要注意手部护理。要注意经常修剪指甲，保持指甲清洁。如果指甲内有污垢，可以用小刷子刷洗干净，或直接剪掉指甲。在冬天或干燥的北方，男士也应经常用护手霜滋润双手。

二、仪表礼仪

仪表指人的外表，主要包括人的容貌、服饰、姿态、风度等。仪表在人际交往中起着非常重要的作用，美好的仪表会让交往对象感觉赏心悦目，令交际活动顺利地进行。仪表礼仪在个人礼仪中占据着重要的地位。

1. 着装原则

（1）与季节相配

我们的着装应与季节相配。简单地说，就是什么季节穿什么衣服，不要逆季节而行。不合季节的着装，常会给人不舒服的感觉，影响个人形象。

①春季着装。

春季是万物复苏的季节，人的心情也会因为生机勃勃的气象而变得轻松和愉悦。因此，这个季节的衣服可以从冷色调转为暖色调，鲜艳、高亮度的衣服都比较适合，比如嫩黄、粉红、葱绿、天蓝等。在款式上，由于春天是乍暖还寒的季节，只穿单衣并不合适，可根据春天易变的气候选择协调搭配的外套，以便热了脱去、冷了加上。

②夏季着装。

夏季烈日炎炎，气温很高，容易使人产生烦躁、焦虑的情绪，因而在服饰色彩的选择上，宜以冷色调、浅色调为主，比如白色、浅蓝、浅绿、浅米灰等，给人轻快、凉爽的感觉。同时，由于夏季气温高，人体出汗较多，宜选择吸水性好、透气性强的面料，如纯棉、纯麻和丝绸等。在款式上，为了便于人体散热，夏季的服装多采用宽松、清凉的款式，比如短袖衫、无袖衫、吊带衫、短裤、短裙等。

③秋季着装。

秋季是收获的季节，可选用中等明度的颜色来体现秋天的成熟，如咖啡色、芥末黄、宝蓝、橙红等。在款式上，秋季的着装与春季相似，如两件套的套装，带马甲的三件套等。秋季着装的面料选择可以多样化，如纯棉、羊毛、混纺面料等。

④冬季着装。

冬季自然界的整体色调比较单一，因而在着装上可用鲜艳、热烈的颜色，如大红、明黄等，给人以温暖的感觉。当然，常规的颜色如藏蓝、混灰、姜黄、褐色等也比较适宜。在面料上，冬季服装多选用保暖性强的绒、毛、皮革等面料。在款式上，由于户外寒冷，呢子大衣和羽绒服都比较合适。

（2）与环境相配

着装要与环境相配。从广义上讲，环境包括三大要素，即时间、地点和场合，因此我们应从这三方面考虑着装。

①时间。

所谓着装要与时间相配，就是指我们着装要考虑时间的适宜性，根据时间选择衣服。从日常生活而言，就是指我们可根据早晚气温的变化添加或更换衣服，尤其是在春秋季，早晚凉、中午热的情况要求我们根据时间来添衣或脱衣。从社交生活而言，就是指我们要根据社交活动的时间选择衣服。

②地点。

所谓着装要与地点相配，就是指我们要根据所在地点选择衣服。比如，北方的居民冬季的着装一般都比较厚实、宽大，以便适应北方寒冷的气候；而南方的居民冬季的着装就相对轻薄、灵巧，与南方冬季的气候相适应。再如，同样是参加晚宴，在气候较热的地方，小礼服最好是浅色、冷色的，如白色、银灰、银蓝等，而且礼服的衣料要轻，让人看了觉得凉爽；而在气候寒冷的地方，则应选择深色、暖色的礼服，如黑色、红色等，衣服的面料要相对较厚，给人温暖、沉稳的感觉。

③场合。

所谓着装要与场合相配，就是指我们应根据不同的社交场合选择衣服。比如，我们上菜市场买菜或进行锻炼时可以穿家居的便服或运动衫裤，但上班时就应换成较正式的工作服或套装；出去旅游或购物时可以穿休闲、时尚的衣服，但若去参加正式宴会就应换成正式的礼服。再如，同样是参加正式的社交活动，华丽耀眼的晚装在舞会上穿显得非常适宜，但若在葬礼上穿，就显得没有素养；若参加学术性质的聚会，应穿得较为大方典雅；若参加娱乐性质的聚会，则可穿得时尚活泼。

（3）与自身条件相配

①年龄。

着装应考虑自己的年龄，服饰应与年龄相配。一般来说，年轻人可以穿得鲜艳、活泼、随意一些，充分体现出年轻朝气与活力，而中老年人的着装则要庄重、雅致、沉稳，体现出成熟与稳重的魅力。当然，年轻人选择素雅大方的颜色，能使自己显得稳重、典雅。但要注意，年轻人服装的款式不要过于成熟，以免显得老气。

②身材。

着装还应考虑自己的身材，要根据自己的体形来挑选合适的服装。一般来说，体形较胖的人应选择小花纹、直条纹的衣服，颜色最好是冷色调，款式要简洁，衣领以“V形”为佳，给人以苗条的视觉效果；体形较瘦的人应选择色彩鲜明、图案大或方格、横条纹的衣料，款式可以繁复一点；身材矮小者上衣应稍短，以突出腿的长度，以获得“高”的视觉效果。总之，合适的着装能扬长避短，与自身相得益彰。

③职业。

着装也应考虑个人的职业，要根据不同的职业要求与职业特色来选择服装。比如，教师、医生、政府工作人员一般要穿得庄重一些，服装的款式不要过于怪异，打扮不要过于夸张、过于妖冶，以给人留下良好的印象；服务人员的衣着要整洁、得体、富有亲和力，以给人平易近人的亲切感。学生穿着要大方、整洁、富有青春活力，不要过于老成；演员、艺术家等则可以根据职业特点与职业要求，穿得时尚、前卫一些。

④气质。

着装也应考虑个人的气质，不能让人觉得服装与本人格格不入，毫无和谐的美感。比如，长相清秀的人，不宜穿过分夸张的服装；成熟稳重的人，不宜穿过于可爱的服装；粗犷豪放的人，不宜穿过于秀气的服装；甜美可爱的人，不宜穿过于老气的服装。如果一定要穿与自己的气质类型不符的服装，可以尽量通过配饰加以调节，避免给人过于突兀的感觉。

2. 着装的色彩知识

色彩是构成服装的重要因素之一，也是服装中尤为重要的视觉语言。人们对一件衣服的第一感觉往往不是款式、质地，而是色彩。因此，色彩的选择与搭配是否正确、是否得体，往往决定了穿衣的成败。了解着装的色彩知识，能帮助我们更好地选择衣服，适时地表现出自己的气质与魅力。

（1）色彩的基本知识

①三原色。

原色是用以调配其他色彩的基本色。人们一般把红、黄、蓝称为三原色，事实上这只是一个大概的说法，色料的三原色应是品红、黄、青。将这三种原色进行调配，能调出绝大多数的色彩。

②白色、黑色和灰色。

白、黑、灰能与任何色彩相配，起到调和、缓解作用。在着装中，白、黑、灰是比较安全的颜色，可以搭配任何颜色的衣服，起到不同的效果。

白色是清纯、纯洁、神圣的象征。在着装中，白色的服装能给人素雅的感觉，比如，白色的西服体现出高雅的气质，白色的礼服能使人显得冰清玉洁、恬雅高贵。另外，白色还可以与其他色彩搭配，表现出不同的效果。例如，白色与天蓝色相配，展现出飘逸、清纯无瑕的效果；白色与红色相配则显得艳丽动人；白色与绿、黄绿色相配则明快中见清丽，展现青春活力；白色与红色或紫色组合则带上了浪漫的神秘意味。总之，白色与其他色彩搭配均能体现出和谐的美感。

黑色象征着庄重、神秘、成熟。在着装中，黑色以其高雅的格调、华贵而又质朴的内涵，给人以神秘感和高贵感。黑色西装、黑色的晚礼服，都能够展现着装者的优雅体态和高雅气质。黑色可以和其他色彩组合搭配，营造出千变万化的色彩情调。比如，黑色与红色相配，艳丽中有冷傲，活泼中有端庄，给人以既典雅又热情的感觉；黑色与蓝色相配，则给人一种清丽、素雅、宁静的感觉；黑色与金色或银色搭配则可给人华丽、典雅、高贵的感觉；黑色与白色或灰色相配，则可显示出简洁、雅致的格调。

灰色介于黑白之间，是黑色的淡化、白色的深化，因此它具备黑、白两色的优点。灰色的西服、套裙、礼服适合在很多社交场合穿。灰色也常和其他颜色调配，产生一系列富有朦胧气息的灰色系列搭配，如浅驼灰、紫灰、蓝灰等。灰色也可以与很多色彩搭配，构成种种富于浪漫气息的风格。一般而言，灰色与明亮的颜色组合，能产生颇具现代感的高雅格调；与深色调组合，则能给人一种优雅、清幽的感觉。

③暖色系和冷色系。

根据色相的不同，颜色会给人以或温暖或寒冷的感觉。一般而言，让人觉得温暖、兴奋、热烈的色彩，可以划入暖色系，而令人觉得寒冷、平静、冷淡的色彩，可以划入冷色系。常见的暖色和冷色在着装中给人的感受见表2-1。

表2-1 常见的暖色和冷色在着装中给人的感受

色系	颜色	在着装中给人的感受
暖色	红色	热情、活泼、热闹、温暖、幸福、吉祥、激情
	黄色	光明、辉煌、华丽、兴奋、甜蜜、高贵、愉快
	橙色	温暖、华美、富足、活泼、快乐、健康、勇敢
	粉色	柔和、温情、浪漫、朦胧、温馨

续表

色系	颜色	在着装中给人的感受
冷色	紫色	优雅、高贵、魅力、沉稳、亲切、平静、谦和
	绿色	新鲜、平静、安逸、和平、柔和、青春、自然、朝气
	浅蓝	纯洁、梦幻、清爽、文静、飘逸、希望
	深蓝	深邃、沉静、理智、诚实、自信

色彩的温暖或寒冷强调的是色彩给人的一种感觉，是非常感性的，因此暖色系和冷色系的划分也不是绝对的。

（2）色彩搭配的原则

①同种色相配。

同种色相配是一种简单易行的配色方法，在具体做法上就是把同一色相、明度接近的色彩搭配起来。比如，深红配浅红、深绿配浅绿、深灰配浅灰等。这样搭配的上下衣，可以产生一种和谐、自然的色彩美。

②邻近色相配。

邻近色相配就是把相近的色彩搭配起来，如红配黄、黄配橙、蓝配绿等，以产生调和的效果。但要注意，这样搭配时最好将两个颜色的明度与饱和度错开，比如用深一点的蓝和浅一点的绿相配，用中亮度的橙与淡淡的黄相配等，都能显出调和中的变化，形成一定的对比。

③主色调相配。

主色调相配就是以一种主色调为基础色，再配上一两种或几种次要的色彩，以使整个服饰的色彩主次分明、相得益彰。比如，主色调是黄色，可配上一点蓝色、黑色等。主色调相配是一种常用的配色方法，采用这种配色方法时要注意，用色不要太繁杂，要做到尽量少用色、巧用色。

④对比色相配。

对比色相配就是指用两种不同色相的色彩相配，以形成对比。比如，黄色与紫色、红色与蓝色、红色与绿色、橙色与蓝色等。形成对比的两种颜色既有互相对抗的一面，又有互相依存的一面。如果能用黑色、白色、灰色或褐色的饰物在两种颜色间加以过渡，就能在刺激人视觉的同时，产生和谐的美感。

如果要追求整洁、典雅的整体效果，配色一般不宜超过三种，否则可能给人繁杂、零乱的感觉。同时，为了保持沉稳、和谐的感觉，一般要求上装的颜色比下装浅，否则可能给人头重脚轻的感觉。

（3）服装色彩与肤色

服装色彩的选择还应同个人的肤色相配。

①肤色偏黑者服装颜色的选择。

肤色偏黑者宜穿暖色调的弱饱和色衣服，如浅黄、浅红、浅橙、浅棕等。也可穿纯黑色的服装，并以绿、红或蓝色作为补充色，但应避免其他的深色，如黑紫色、深褐色等，这会让肤色显得更黑。

②肤色偏红者服装颜色的选择。

肤色偏红者宜选用的服装颜色是微饱和的暖色，也可选淡棕黄色，黑色加一点彩色，这样能衬托出泛红的健美肤色。但不宜选用紫罗兰色、亮黄色、浅绿色、纯白色等，因为这些颜色会过分突出皮肤的红色。此外，淡淡的冷色调如淡蓝灰等也不适宜。

③肤色偏黄者服装颜色的选择。

肤色偏黄者宜选用的色彩是浅粉色、浅红色、米色等，也可以选择以白色为主色调，以其他较鲜亮的颜色为装饰色，如紫罗兰色、红色、橙色等。不宜穿明度过大的蓝色、紫色等服装，也不宜穿明度很高的纯白色服装，这样会衬得肤色更加黄。

④肤色苍白者服装颜色的选择。

肤色苍白者宜选择偏暖的浅色服装，这样可以把脸色映衬得红润一些。不宜穿黑色或黄绿色的衣服，这类颜色会使肤色更显苍白，给人憔悴的感觉。

3. 女士着装礼仪

着装包括衣着和配饰两方面。对女性而言，这两方面都是展现自身气质与品位的关键，应予以重视。

（1）衣着

①便装的穿着。

便装适合穿的场合非常多，一般而言，只要不是参加一些如会议、正式的晚宴、丧葬仪式、商务洽谈等正式的活动，都可以穿便装。有些便装，如质地优良的毛衣、做工精细的连衣裙、款式简洁大方的风衣等，在某些要求并不十分严格的社交活动中也能穿，或可以配合着西装穿。但要注意，便装的穿着也应注意场合，比如工作时可以穿高领毛衣，但却不宜穿开口很大的V领毛衣。总之，女士穿便装也应根据具体的场合来选择，要尽量符合着装的基本原则，穿出气质，穿出品味。

②西装的穿着。

女士套裙

西装是女士服装中比较正式的衣着，一般适合在工作场合或公务场合穿。女士西装的款式很多，例如：就衣领款式而言，有V领西装、青果领西装、披肩领西装等；就衣扣而言，有单排扣、双排扣；另外，衣长也不同，有短至腰处的，也有长至大腿的。适用于西装的面料也很多，有丝绸、毛料、化纤等。

女士的西装分为衣裤相配的套装和衣裙相配的套裙。一般而言，穿套装的女士常给人以干练、成熟、端庄、典雅的感觉，显得比较严肃、有权威，而套裙则适合不同阶层、不同身份的女士穿。套裙不同的穿着方法，能给人不同的感觉。例如：上下一色的套装会显得端庄、成熟；色彩上浅下深或上深下浅，会显得比较活泼；式样上简下繁或上繁下简，能显示出几分动感。不同的穿着方式应配合不同的场合。不过在总体上，女士穿西装都应以简洁大方为宜，不要过分花哨或繁复。

③礼服的穿着。

女士的礼服一般可以分为三种：一是常礼服，就是指质地、颜色一致的上衣和裙子，可以戴帽子和手套；二是小礼服，就是长及脚背但不拖地的露背式连衣裙；三是大礼服，就是露出肩部和背部的拖地或不拖地的连衣裙，穿时可以戴帽子、长纱手套及各种头饰、耳环、项链等。三种礼服中以大礼服最显尊贵与华美。

旗袍也可在正式的社交场合中穿，因为旗袍贴身的剪裁、精美的做工能很好地彰显女性的端庄与妩媚。夏季穿的旗袍可用棉布、丝绸、麻纱等面料制成，而秋冬季的旗袍则可采用锦丝绒、五彩缎制作。穿旗袍时，鞋子、饰物一定要配套。一般而言，饰物的材质可以是金、银、珍珠、玛瑙等，鞋宜穿与旗袍颜色相同或相近的高跟或半高跟皮鞋。另外，毛呢大衣、短小西装

和各种方形毛披肩均可与旗袍配套穿，塑造出典雅、迷人的女性形象。

礼服对女士身材的要求很高，女士应根据自己的形体选择能突显自己身材优点的礼服。一般来说，身材娇小玲珑的女性宜穿中高腰的纱面礼服，腰线建议用“V形”微低腰设计，以增强身材的修长感，修饰身材比例；应尽量避免穿下身裙摆过于蓬松或肩袖设计过于夸张的礼服。身材修长的女性可以尝试不同款式的礼服。若想展现身姿，可以选择包身下摆呈鱼尾状的礼服。身材丰腴的女性适合穿直线裁剪的礼服，以获得苗条的视觉效果；花边、花朵等装饰宜选用较薄的平面蕾丝；应尽量避免高领款式或腰部、裙摆的设计繁复的礼服，以免使自己显得臃肿。

④鞋袜的穿着。

在正式的工作场合或公务场合，女士宜选用肉色的丝袜。如果穿裙装，则丝袜的长度最好高于裙子的下摆，以免令腿显得粗短。另外，皮鞋最好不要露趾，鞋跟也不宜过高过细，高跟或半高跟的浅口皮鞋最适宜。

（2）配饰

配饰就是指起陪衬装饰作用的物品。好的配饰能对人的整体装扮起到烘托和美化的作用，具有画龙点睛的效果。对女士而言，配饰不仅可以显示自己的身份、地位，还能表现内在的涵养和审美品位。

①基本佩戴原则。

佩戴饰品应把握以下三个原则。

其一，要与服装协调。例如：在色彩上，饰物的色彩应与服装协调，或能衬托出服装的色彩。在款式上，饰物应与服装相得益彰。若服装款式繁复，饰物宜选大方雅致的；若服装简洁素雅，饰物可选鲜艳别致的。在材质上，饰物应与服装相配合。如果衣服是真丝的，金银饰品就比较合适；如果衣服是皮革、皮草的，珍珠、水晶的饰品比较合适。

其二，要与体貌协调，不同的年龄、脸形、身材、发式应选择不同的饰品。比如，圆脸的女士应戴扁长形的眼镜，身材娇小者饰物不应过多过大等。

其三，要与环境协调。比如，工作时所戴的饰品不可过于夸张。参加晚宴时所戴的饰品可以明亮炫目一些，春季戴的围巾可以颜色粉嫩、质地轻薄一些，冬季戴的围巾则可以色彩鲜艳、材质厚实一点。

②发饰的佩戴。

常见的发饰，质地有有机玻璃、金属、丝绒等，其形状千姿百态，颜色更是丰富多彩，很适合女士用于装扮。发饰的佩戴应讲究季节和场合。一般夏天不宜佩戴丝绒质地的发饰，发饰的颜色也以蓝色、银色、白色、金属色等冷色系为宜；而冬天则可戴色彩鲜艳或温暖的发饰，以凸显女性的温柔气息。发饰色彩、质地、形状还应和服装及其他饰品相配，应保持整体着装的一致与和谐。此外，佩戴的发饰还应和场合相适应。例如：正式的工作场合，不宜戴过于夸张的发饰；参加正式的宴会，则可戴比较耀眼、与发型相得益彰的发饰。

③胸针胸花的佩戴。

佩戴胸针胸花要注意佩戴的位置。如果穿西装，应将胸针胸花别在左侧领口上；如果上衣没有领子，则可别在左胸上，位置大致在第一、第二个衬衫纽扣之间。选择的胸针胸花，也应和整体的着装相适宜。如果衣服色彩较为素雅、暗淡，可选用亮丽夺目的胸针胸花；如果衣服色彩较为鲜亮，则可选择色调较深的，以显示出妩媚与俏丽。另外，胸针胸花不宜和徽章、纪念章、奖章等一起佩戴。如果上衣的款式比较繁复，比如，有层叠的蕾丝边或花边等，也不宜佩戴胸针胸花。

④帽子的佩戴。

女士帽子的种类繁多，有宽檐帽、贝雷帽、水手帽、鸭舌帽、棒球帽、水手帽等。不同的帽子会有不同的装饰效果。佩戴帽子应注意与服饰、发型、脸形、身材等相配，帽子的式样、颜色、质地等应与整体的着装效果保持一致。同时，帽子的选择也应和季节、天气相配，不宜逆季节而戴。帽子的戴法也要合乎规范，该戴正的不要戴歪，该偏后的不要偏前。另外，在室内一般不应戴帽子，尤其是在比较正式的场合，除与礼服相配的无檐软帽外，其他的帽子一般不宜在室内佩戴。

⑤围巾的佩戴。

围巾可以和帽子成套佩戴，也可单独佩戴。围巾的种类也很多，从质地上讲，有毛料的、毛线的、丝绸的、绢的、棉布的等；从款式上讲，有长巾、短巾、方巾、三角巾等。围巾的颜色、质地、款式应与佩戴者的年龄、着装，以及其他配饰、场合等相适应。围巾一般单条佩戴，除了能戴在脖子上，还能配在腰间，扎在头上或系在包上作为装饰和点缀。

⑥眼镜的佩戴。

在女士着装中，眼镜的功能已不仅局限于实用性，它还被人们用作容貌上的装饰品或作为时装的搭配物。佩戴的眼镜要与自己的体形相配，如身材瘦小的人戴浅色、细边框的眼镜比较适合；佩戴眼镜也应考虑发型，如留有刘海的女性不宜戴过于宽大的眼镜，以免使脸形看上去变短；同时，镜框的颜色要与头发的颜色相配，不能形成太大的反差，比如染红色头发的人戴绿边框的眼镜，给人的视觉效果就不好；佩戴眼镜还应注意与自己的身份、年龄相配，如年长者适合戴朴实、大气的眼镜，以给人端庄的感觉。

此外，眼镜还应与脸形相配，如长形脸的人适合佩戴宽边、深色大镜框的眼镜，以打破长脸的直线；圆形脸的人适合戴细边框的方形眼镜或无底边框眼镜；方形脸的人最好选择扁圆形的眼镜架，以使脸部线条变柔和；尖脸形的人最好戴有锐角形的眼镜，以使脸部整体显得协调。

另外，不要在室内戴黑色眼镜，在室外的正式场合中也不应戴。如患有眼疾不得不戴时，应向他人说明。交谈或行礼时，应把眼镜摘下来，以示对他人的尊重。

⑦包的选择。

对女士而言，包不仅具有实用功能，还具备装饰的作用。女式包一般分为三类：肩挂式、手提式、手拿式。肩挂式包是最方便的一种女式包，不论是外出访友还是上街购物，都可以把包挂在肩上，非常实用；手提式包的提带较短，适合手提，通常职业女性用得较多；手拿式包较具典雅端庄的感觉，一般是与宴会礼服搭配使用的。包的质地、颜色、图案等应与全身的着装协调，另外还要考虑带包者的体形等因素。一般来说，体形矮胖者不宜带太秀气的包，体形高胖者宜带稍大些的包，体形瘦小者宜用小巧玲珑的包，高瘦者适合多种造型的包，但包不宜过大或过小。此外，手提式包应拿在手上，但不要甩来甩去；包内的东西不宜放得过多，以免有损包的外形。

4. 男士西装着装礼仪

西装是在较为正式的场合男士着装的首选，其主要特点是外形挺括、线条流畅。只有配合一定的着装礼仪，西装才能更好地展现男士的风度与魅力。

（1）西装的穿着

西装是男士的正装，在很多场合下都可以穿，因而掌握西装的着装礼仪对男士而言非常重要。按用途分，西装可分为礼服西装、工作西装及休闲西装三类。不同的西装适用于不同的场合，穿的时候也各有讲究，男士应特别注意。

①西装的款式与穿的场合。

西装的款式有很多种，市面上的西装大致可以分为两大类：一类是平驳领、圆角下摆的单排扣西装；另一类是枪驳领、方角下摆的双排扣西装。这两类西装中，有 2 扣、3 扣、4 扣、6 扣、8 扣的区别，还有上装后摆开尾与不开尾的区别。一般不开尾的西装适合在中式场合穿。

另外，西装还有套装和单件上装的区别。套装适合在较正式的场合穿，要求上下装面料、色彩一致，以保持整体的和谐和端庄感。这种两件套西装若加上同色同料的背心就成了三件套西装。如果是正式的交际场合，所选套装的色调应比较深，如黑色、藏青色等，材质最好用毛料，以显示穿的人的身份。如果在半正式交际场合穿，比如办公室的一般性会见等，可穿色调比较浅的西装，如银灰色、灰色等。单件上装可以在非正式的场合穿，如访友、购物、游玩等，以配合活动的休闲气氛。这时还应选择与上装相配的裤子。要注意衣裤款式、质地、色彩的协调。

②着装的基本要求。

穿西装一般配上衬衫、马甲和领带。衬衫内除背心之外，最好不要再穿其他内衣。如果确实需要，也要注意内衣的领圈和袖口一定不能露出来。

西装衣袖的长度以达到手腕为宜，衬衫的袖长以比西装上衣袖子长 1~2 厘米为宜，这样可以显得比较活泼有生气。衬衫的领子不要翻在西装外面，领口也应高出西装领子 1~2 厘米，这样可与袖口相呼应，产生一种匀称感。衬衫的下摆必须扎进裤内。如果不系领带，衬衫的领口可以稍稍敞开。在正式的交际场合，衬衫的颜色以白色为宜。

领带是西装的灵魂，参加正式的交际活动时必须系上领带。领带的色调应与西装、衬衫的颜色统一。领带的系法有很多种，目前大致有平结、交叉结、双环结、温莎结、双交叉结、亚伯特王子结、四手结（单结）、浪漫结、简式结（马车夫结）和十字结（半温莎结）十种系法。每种系法的特点见表 2-2，具体的系法如下图所示。另外，领带的长度以不超过皮带扣处为宜。穿马甲或毛衣时，应将领带的下部放在马甲或毛衣里面。如果要使用领带夹，其位置应在衬衫的第四、第五颗纽扣之间。

表2-2　领带的不同系法及特点

系法	特点
平结	是男士最常选用的领结打法之一，几乎适用于各种材质的领带
交叉结	适用于单色素雅且质地较薄的领带，喜欢展现流行感的男士不妨多加使用
双环结	颇具时尚感，适合年轻的上班族选用
温莎结	适用于宽领型的衬衫，领带的质料不宜过厚
双交叉结	适用于素色且为丝质的领带，有高雅、隆重的感觉，适用于正式场合
亚伯特王子结	适用于质料柔软的细款领带，可搭配浪漫扣领及尖领系列的衬衫
四手结	所有系法中最容易上手的系法，适用于各种款式的衬衫及领带
浪漫结	完美的结形，适用于各种款式的浪漫系列衬衫及领带
简式结	适用于质料较厚的领带，最适合搭配标准式及扣式领口的衬衫
十字结	结形优雅，适用于细款领带，最适合搭配浪漫的尖领及标准式领口系列衬衫

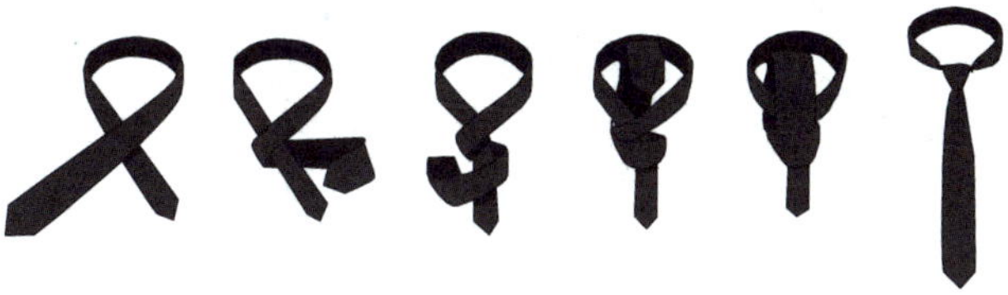

平结

交叉结

双环结

温莎结

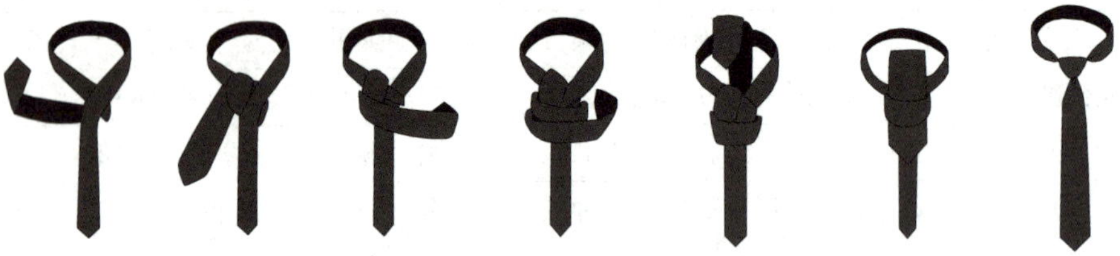

双交叉结

亚伯特王子结

四手结

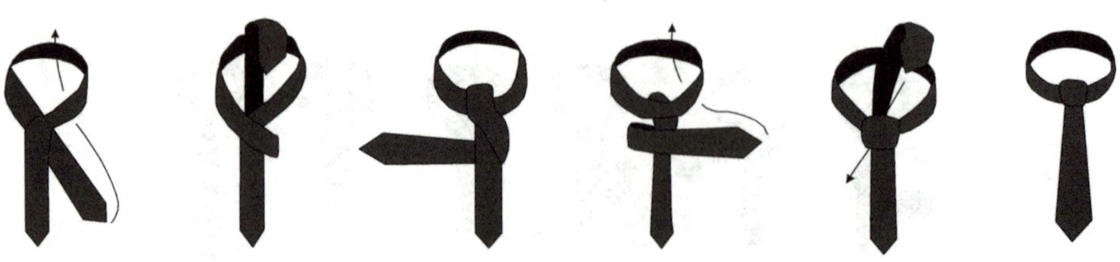

浪漫结

简式结

十字结

在比较正式的场合穿西装时必须系扣。双排扣的西装一般应将纽扣都系上；单排扣的西装，如是两粒扣的，只扣上面的一粒，如果是三粒扣的，则扣中间的一粒。在非正式场合，可以不系纽扣。但要注意，穿西装时衬衫袖口的扣子必须扣上。另外，西装的驳领上通常会有一只扣眼，这是插花眼，是参加婚礼、葬礼或出席盛大宴会、典礼时用来插花的。

此外，西装的衣袋和裤袋里不宜放东西。如果要放，也应将东西放在西装左右两侧的内袋里。西装左胸外面的口袋是用于插装饰用的手帕的，不宜在那里插钢笔或放置手机、钱夹等。西装袖口的商标一定要拆下。穿西装一定要配皮鞋，同时还要注意皮鞋、袜子的颜色与西装色调的统一。

（2）其他配饰

①手表的佩戴。

在社交场合，手表在男士的整体着装中有着重要的地位。男士佩戴手表要考虑个人职业、交往对象、交际场合以及个人着装等一系列因素。在正式场合佩戴的手表，在造型方面应当庄重、保守，如正方形、长方形等。学生上学时要避免佩戴太过怪异、新潮的手表。

在正式场合佩戴的手表，色彩不宜繁杂凌乱，单色、双色手表比较适宜，其色彩要高贵、典雅，一般金色、银色、黑色为宜。

手表最主要的功能是显示时间，因此，在正式场合使用的手表应能精确地报时，那些只能精确到时的手表显然不符合要求。另外，男士在正式场合

佩戴的手表不应是潜水表、运动表之类的。当然，在非正式场合下，男士可以戴彰显个性与时尚的手表。

②皮带的佩戴。

男士的皮带可分为工作用皮带和休闲用皮带两种。经典传统的皮带是由金银色亮光、哑光金属环扣和小牛皮打造而成的，适合在任何场合下使用。不过，若是参加正式的社交活动，皮带的颜色应以黑色或棕色为宜，宽度一般不能超过 3 厘米，长度应保持尾端位于第一和第二裤襻之间。无论选择怎样的皮带，都应遵守着装的基本原则，保证皮带的风格与个人身份、整体着装以及所处场合的和谐统一。另外，皮带上不宜挂过多的东西，以免破坏皮带的装饰效果和个人的整体形象。

③包的选择。

包也是男士佩件中的一大组成部分。男士的包可分为工作用包和休闲用包两大类。工作用包一般指公文包，是男士在进行公务活动时用于放置资料、名片、笔、手机等物品的包。一般来说，公文包宜选用深褐色或棕色的皮包。不能选颜色花里胡哨的皮包，以免给人留下不踏实、不稳重的印象。休闲用包则可随意选择，比如运动式的腰包或双肩背包等，都可在不同的休闲场合使用。要注意，休闲包的颜色、款式等也应与衣着及其他佩件协调，并要与社交活动相适宜。

思考

企业家与理发师

某著名企业家从前不修边幅，企业也不注重形象，因此企业发展缓慢。一天，理发时，理发师不客气地批评他不注重仪表，说："你是公司的代表，却这样不注重衣冠，别人会怎么想？连人都这样邋遢，他的公司会好吗？"从此，这位企业家一改过去的习惯，开始注意自己的仪容仪表，企业也迅速发展起来。企业的迅速发展与这位企业家以身作则、讲究礼仪是分不开的。

谈谈这件事给你的启发。

第二节　仪态礼仪

仪态是指人在行为中的姿势和风度。姿势是指身体所呈现的样子，风度则属于内在气质的外化。每个人总是以一定的仪态出现在别人面前，一个人的仪态包括他的所有行为举止：站立的姿势、走路的步态、面部的表情等。

一、表情

面部或姿态的变化，如眉、眼、鼻、嘴的动作，面部肌肉的运动及脸色的变化等都能表达人们内心的思想感情。通过表情，人们能表达出愉快、悲伤、迷惑、恐惧、惊讶、愤怒、怀疑、不屑等各种内心情绪，因而可以说，表情是仅次于语言的一种交际手段。在所有表情中，又以眼神和笑容最为重要。

1. 眼神

眼睛是心灵的窗户。在所有的面部表情中，眼神最善于传情达意。在很多时候，眼神比言语更能显露出人内在的情感与想法，在人与人的交往中起到媒介的作用。眼神主要通过瞳孔的大小、注视的时间和视线的范围来表现人的内在情绪。

（1）瞳孔的大小

瞳孔会根据人情绪的变化而放大、缩小。情绪高昂时大部分人的瞳孔会扩大，所以当人兴奋、高兴、欢喜、幸福时，眼睛会显得炯炯有神。而当人悲伤、烦躁、郁闷、忧愁时，眼睛就会显得暗淡无光。在人际交往中，人眼睛的明亮程度能很好地传达出对交往对象及交谈内容的兴趣与态度。

（2）注视的时间

有调查发现，人们在交谈时视线接触对方脸部的时间约占全部谈话时间的 1/3~2/3。交谈时视线接触对方脸部的时间超过谈话时间的 2/3，则可能意味着谈话者对交谈对象本人比对交谈内容更感兴趣；少于谈话时间的 1/3，则可能表示谈话者对交谈对象和交谈内容都不感兴趣。因此，与人交谈时应适当注视对方，否则会让人有不被重视、不受欢迎的感觉。当然，注视对方时目光要轻柔、自然，不能死死地盯住对方或不停地上下打量，以免让人觉得无礼。如果与对方出现对视的情况，应将目光停留片刻后再缓缓地移开。

（3）视线的范围

注视对方时，应注意视线的范围。范围不同给对方带来的感觉也不一样。

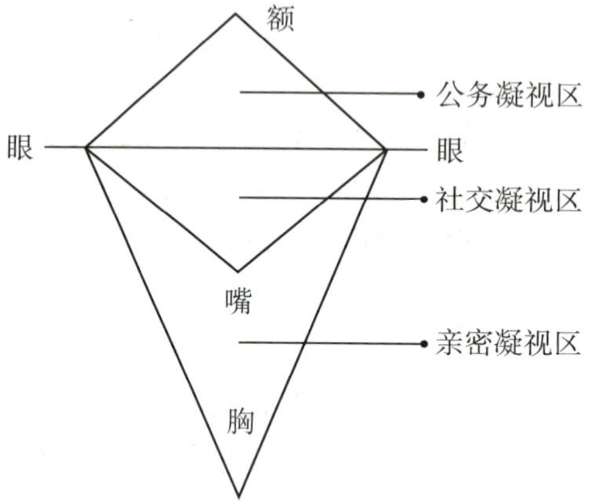

视线的范围

一般而言，视线范围可分为三类：一类是以对方的双眼为底线，以对方的前额上部为顶点而连接成的一个正立三角区域。这就是所谓的公务凝视区。若谈话时视线落于这一范围，往往能给对方认真严肃的感觉，帮助谈话者掌握谈话的主动权。第二类是以对方的双眼为底线，以对方的唇心为顶点而连接成的倒三角区域。若谈话时将视线落于这一范围，往往能给对方平易近人、平等轻松的感觉，适用于普通的社交场合。第三类是将视线落于对方的双眼、嘴部和胸部等，这适合在关系亲密的人之间采用，往往起到表达爱意、传达感情的作用。因此，在与人交往时“合礼”地注视对方，有利于交谈的顺利进行，促进双方的感情。

2. 笑容

笑容在面部表情中的表现力仅次于眼睛。笑容是多种多样的，如微笑、大笑、甜美地笑、害羞地笑、心有灵犀地笑、淡淡地笑、冷笑、嘲笑、皮笑肉不笑等。不同的笑容给人的感觉各不相同，因而能产生不同的交际效果。

在所有的笑容中，微笑最适合用于社交场合，是最富有吸引力的面部表情。它表现着友善、谦恭、诚信、和蔼、融洽等美好的感情因素。适时地运用微笑，能很好地拉近人与人之间的距离，促进双方情感的交流。但要注意，微笑一定要自然坦诚、发自内心，切不可故作笑颜、假意奉承，也不要皮笑肉不笑。

蒙娜丽莎

如何笑得可爱、笑得典雅，是很有讲究的。公认的美丽笑容，就是嘴角的两端同时地向上翘起，幅度不可过大。千万不要只拉起一边的嘴角微笑，这会让人觉得虚伪；也不要吸着鼻子笑，以免让人觉得阴沉。笑容不美、不自然的，不妨私下多做练习。所谓熟能生巧，练习会让笑容变得更加得体、端丽。

著名画家达·芬奇的画作《蒙娜丽莎》是欧洲文艺

复兴时期最出色的肖像作品之一，画中的微笑给人以美的享受，几百年来让人回味无穷。

二、站姿

1. 基本的站姿

挺胸收腹，挺直脊背。脸自然地面向前方，微收下颌，两眼自然平视。两肩平齐，两臂自然下垂，手指并拢，并使中指紧贴裤缝。双腿挺直，两脚跟并拢，两脚尖张开约60度，身体重心落于两腿正中。男性有时可分腿而立，但双脚间的距离不应超过肩宽。

站姿的要领是挺直、平衡，即腰、腿要挺直，使后脑勺、背、臀、脚后跟成一条直线；头要摆正，双肩要平，两眼要平视前方。

2. 正式场合中应避免的站姿

①双手或单手叉腰站立。这种站姿会使人显得不稳重、不严肃，且有粗俗之感。

②双臂交叉抱胸站立。双臂交叉抱胸是一种防御、抵抗的体态语言，因而这种站姿会让人显得傲慢无礼、冷淡消极。

③双手插袋站立。这种站姿会使人显得拘谨、小气、不严肃。如果要插袋，可单手插入前裤袋。

④靠墙或弯腰驼背站立。这种站姿会使人显得无精打采、随意懒散，缺乏精神与活力。

⑤身体不停抖动或晃动。这种站姿会让人显得漫不经心、缺乏教养。

⑥脚尖或脚跟不停点地，甚至发出声响。这种站姿会让人显得不端庄、不稳健。

3. 不同情况下的站姿

（1）稍息的站姿

在长时间站立后，可用稍息的站姿进行调节。稍息时双脚略微张开，脚间距离不大于肩宽，膝盖挺直，收腹缩臀，肩臂自然放松。要注意面向前方，下颌不可伸出。

（2）乘车的站姿

乘公交车、地铁或火车时，为保持重心的平衡，可双腿分开站立，将重心放于两腿正中，膝盖挺直，收腹挺胸。要注意，双腿不可分得过开，以不

超过自己的肩宽为宜。

（3）参加仪式的站姿

在参加升旗仪式、颁奖仪式、接见仪式以及丧葬仪式等庄严的仪式时，应严格采取标准的站姿，且保持严肃认真的神情。

（4）主持人站姿

主持文艺活动、宴会、舞会时，可将双腿并拢站立。女性为让站姿显得更加优美，可“丁字步”站立，其要点是一只脚侧向 45 度，另一只脚的脚尖朝前，脚跟放于侧向脚的脚弓位置，上身挺直，收腹挺胸提臀，双腿叠合。

（5）演讲人站姿

演讲发言或做报告时，为了消除长时间站立后两腿的疲劳，可以将双手微微支撑在讲台上，两腿轮流放松。

（6）服务人员站姿

侍应人员、接待人员及礼仪迎送人员，一般应采取立正的姿势或“丁字步”站立。收腹缩臀，肩臂自然下垂，有时双手还可交握于腹前；面向前方，下颌微收，保持微笑。

三、坐姿

1. 基本的坐姿

挺胸直背，两肩放松，下颌内收，双膝、双脚并拢，双手自然地放在双膝上或放在椅子扶手上，面向前方，目光正视。

小贴士

坐时通常只坐椅子的 1/2~2/3，上身挺直而稍向前倾，头、肩平正，下颌微收，腹部内收。女性宜膝盖靠紧，两腿要并拢，双手交叉放于两腿之上；男性膝盖可自然分开，但不能超过肩宽，双手掌心朝下放于膝盖上。

一般情况下离座同样遵从尊者为先的原则，其他场合离座时先以语言或动作向周围人示意，方可站起。不可突然站起，以免周围的人受到惊扰。起身时右脚后撤一小步，慢慢站起，站好后轻声离座。

2. 应避免的坐姿

①弯腰拱背，手抱膝盖。这种坐姿让人显得无精打采、缺乏活力。

②上身左右晃动。这种坐姿给人一种不稳重、不沉着的感觉。

③不停抖腿。这种坐姿让人觉得目中无人、缺乏教养。

④双腿分开并伸得老远。这种坐姿非常不雅观。

⑤把脚缩在座椅下或用脚勾住椅子脚。这种坐姿让人显得拘谨、紧张。

⑥落座或起身时动作幅度很大并发出声响。这会给人粗野、鲁莽的感觉。

3. 几种常见的坐姿

（1）双膝交叠式

这种坐姿可以使双腿紧紧并拢而没有间隙，使腿部显得修长纤细。女性在采用这种坐姿时，可以将腿微微斜放。要注意，双膝交叠时膝盖要并拢，尤其是女性穿短裙时要特别注意，以免走光。

（2）双腿斜放式

这种坐姿比较适合坐在低矮的椅子、沙发上时采用，其要点就是将双腿并拢平行斜放，使腿、膝、脚处于同一方向。要注意，双腿斜放时小腿间不能留有空隙，也不能把双膝分开。

（3）脚掌交叠靠椅脚式

这种坐姿的要点是将一脚掌放在另一脚掌之下，然后轻轻地靠着座椅的下方。坐高脚椅或吧台椅时，采用这种坐姿最具美感。要注意，两脚脚掌交叠时不能交叉得过多。

（4）脚掌交叠斜放式

这种坐姿比较适合在汽车座椅上或办公桌椅前采用，其要点是两脚掌部分交叠，双腿稍稍斜放。这种坐姿比较自然舒适。要注意，采用这种坐姿时脚不能往前伸得过远，膝盖不能分开。

（5）小八字式

这种坐姿的要点是双膝并拢，小腿微微分开呈小八字形。这种坐姿比较轻松，但一般只在不太受人注意时采用。要注意，小腿分开的幅度不能超过肩宽。

四、走姿

1. 基本的走姿

上半身挺直，抬头挺胸收腹，正视前方。两臂以身体为中心，前后自然摆动，前摆幅度约35度，后摆幅度约15度，手心要朝向自己。起步时身子稍向前倾，重心落在前脚掌，脚尖向正前方伸出。后脚的膝盖应伸直，否则会使脚步显得拖拉，不够利索。行走时脚掌应保持平行。不要向外张开或向内交叉，否则会走成外八字或内八字，给人不好的感觉。行走的步幅要适当，一般前脚的脚跟与后脚的脚尖相距一脚长。

2. 应避免的走姿

①步幅过大或过小。

②双手插袋或反背于身后。

③身体随意晃动。

3. 不同情况下的走姿

（1）引领宾客时的走姿

引领宾客时，引导者应走在宾客前方几步处，可以微侧着身走，眼睛的视线应在宾客行进的方向上来回移动。

（2）穿高跟鞋的走姿

穿高跟鞋走路时步幅应适当缩小，抬头挺胸，收紧腰腹。

（3）轻步行走的走姿

参观展览，出入办公室、会议室，探访病人等时，大多需要轻步行走，因而应将脚步放轻柔，尽量避免发出过大的响声。如有需要，可以采用脚尖着地的方式小步行走，但不可拱身缩头，以免给人一种鬼鬼祟祟的感觉。

五、蹲姿

1. 基本的蹲姿

蹲是由站立的姿势转变为两腿弯曲，身体高度下降的姿势。下蹲时，应双腿并拢，屈膝低腰，掌握好身体的重心，臀部向下。

2. 应避免的蹲姿

（1）双腿分开的蹲姿

这种蹲姿非常不雅观，会给人粗俗鄙陋的感觉。

（2）翘臀的蹲姿

这种蹲姿会给人不庄重的感觉，尤其是穿裙装的女性应尽量避免，以免走光。

3. 几种常见的蹲姿

（1）高低式蹲姿

这一蹲姿的要点是：下蹲时，两腿并拢，左脚在前，右脚在后；左脚全脚着地，小腿基本垂直于地面，右脚跟稍稍提起；右膝低于左膝，右膝内侧靠于左腿小腿的内侧，形成左膝高右膝低的姿势；臀部向下，身体重心落在右腿上。

（a）　　　　　　　　（b）

高低式蹲姿

（2）交叉式蹲姿

这一蹲姿的要点是：下蹲时，左脚在前，右脚在后，左小腿垂直于地面，全脚着地；左腿在上，右腿在下，二者交叉重叠；右膝由后下方伸向左侧，右脚前脚掌着地，脚跟提起；两脚前后靠近，合力支撑身体；臀部向下，上身略向前倾。交叉式蹲姿通常适用于女性，尤其是穿短裙时，其特点是造型优美、典雅。

交叉式蹲姿

（3）半蹲式蹲姿

这一蹲姿的要点是：下蹲时，上身稍弯，臀部向下而不是撅起，双膝略微弯曲。半蹲式蹲姿多在行进之中临时蹲下时采用，其基本特征是身体半立半蹲。

（4）半跪式蹲姿

这一蹲姿又叫单跪式蹲姿，其要点是：下蹲后，改为一腿单膝着地，臀部坐在脚跟之上；另一条腿的小腿垂直于地面，全脚着地；双腿尽力靠拢。半跪式蹲姿是一种非正式蹲姿，多在下蹲时间较长或为了用力方便时使用，其特征是双腿一蹲一跪。

六、手势

手也是传达信息、表达感情的重要工具。在人际交往中，手的“语言”是非常丰富的。有时无法用语言表达的信息，却能用手势很好地表达出来；有时并未说话，但要传递的信息已经通过手势透露出来了。因而可以说，手势是人类的第二张面孔，是社交活动中不可缺少的、富表现力的“体态语言”。

1. 基本的手势

（1）招手手势

招手在世界上绝大多数的国家都是表示招呼他人过来的意思，但不同的国家有不同的做法。在中国，要招呼别人过来的礼貌做法应是高抬手臂，使上臂与身体之间的角度不小于 90 度，手心朝下，轻挥手腕。

（2）“OK”手势

用大拇指和食指合成一个圆圈，再伸出其他三指，这就是起源于美国的“OK”手势，表示“同意”“顺利”等。这一手势被世界上许多国家采用，但在不同的国家有不同的意思，使用时应注意。

（3）“V 字形”手势

伸出食指和中指，构成“V”的手势即可表示“胜利”“成功”之意，这一手势通过英国前首相丘吉尔得到普及。这一手势也可表示“二”这个数字。

“V字形”手势

（4）竖拇指手势

大拇指向上竖起，在我国是表示“厉害”“一流”“棒”的意思，但在说英语的国家中多是表示“OK”或“打车”之意。

竖拇指手势

（5）捻指

捻指就是用手的拇指与中指弹出“叭叭”的声响，它所表示的意思比较复杂：有时是表示高兴；有时是表示感兴趣或完全赞同；有时则是某种轻浮的动作。在陌生的场合或不熟悉的人面前，不可轻易地捻指，那样会让人觉得没教养，尤其不要对异性使用这一手势，因为会显得轻浮。

2. 使用手势的注意事项

①使用手势时，应尽量不做不雅的手势，如伸中指、伸小指等，不雅的手势会损坏自身的形象，并给对方留下不好的印象。

②手势只是语言的辅助，因而不宜过多地使用，以免妨碍沟通；另外，做手势时幅度不宜过大，以免影响交流。

③手势应与话语相协调，不能说的是这个，做的是那个，让人摸不着头脑；手势也应与身体相协调，以免给人僵硬、呆板的感觉。

④同一种手势在不同的国家和地区会有不同的意思，因而与他人交往时，在不了解对方文化背景的情况下，不能乱用手势，以免引起不必要的误会。

思考

小张应聘

一次某公司招聘文秘，由于待遇优厚，应聘者很多。某学校毕业的小张前往面试，她五官端正，身材高挑、匀称，还能说一口流利的英语。面试时，小张穿着迷你裙，涂着鲜艳的口红，轻盈地走到面试官面前，不请自坐，随后跷起了二郎腿，笑眯眯地等着问话。孰料，三位面试官互相交换了一下眼色。主面试官说："张小姐，请回去等通知吧。"她喜形于色，回答了一声"好的"，便头也不回地走了。

问题：小张能等到录用通知吗？为什么？假如你是小张你打算怎样准备这次面试？

第三节　语言沟通礼仪

语言沟通是交际中必不可少的内容，是人们传递信息，表达情感、增进彼此了解和友谊的重要方式。要谈得"情投意合"，并不是轻而易举的事，必须讲究语言沟通的礼仪。我们可以从听、说等方面，学习并践行语言沟通的礼仪。

一、倾听

"听"的繁体写法为"聽"，观察这个字形我们可以总结出"听"的几层含义："耳"表示要用耳朵；"一"和"心"表示要专心地听；"罒"代表眼睛，意思是听的时候要用眼睛看着对方；"王"表示尊重和恭敬，即给说话的人以"王者"礼遇。

倾听就是接受口头信息、确定其含义，并对此做出反应的过程。

1. 倾听的作用

与人交谈不但要善于表达自己的意思，而且要善于聆听，这是人际沟通中非常重要的环节。认真倾听对方的谈话，是尊重和重视对方的表现，也是了解对方、分辨事实的途径之一，更是提高谈话效果、建立良好人际关系的基础。

2. 倾听的方式

倾听可以用耳朵听，用眼睛"听"，用心灵"听"，不同的聆听方式会带来不同的效果。倾听一般可以分为被动倾听、选择倾听、专注倾听与积极倾听四类。

积极倾听指有响应或回应地听。积极的倾听者不但能尊重讲话者的意愿，还能捕捉讲话者的情感，而且可以巧妙验证自己对讲话者信息的理解，而这正是讲话者所希望的方式。

小故事

学会倾听

在我被破格提升为公司高级管理人员的那天，董事长在办公室给我讲了一个故事："在一个仓库里，大家竭力寻找一块手表，却怎么也找不到，后来……"

我没想到是这样一个老掉牙的故事，就插话道："后来一个小孩趁大家休息的时候来到仓库，趴在地上，找到了那块手表，因为他用耳朵听到手表滴滴答答的声音……"

董事长说："很好，看来你听过这个故事，但是你明白这个故事所说的道理吗？"

"当然知道，就是要我们学会倾听，倾听可以发现许多意想不到的事情！"我自信地回答说。

董事长语重心长地对我说："没错，但是你在倾听我说吗？自信是商人成功的标志，但自信和自负是不同的。你现在是公司的高级管理人员。如果你不去倾听来自员工的声音，你就会和员工离心，懂吗？"

3. 倾听的礼仪

在倾听的过程中，倾听者应保持一定的礼仪，这是有涵养、有素质的表现，同时也表达了对讲话者的尊重。

（1）倾听的态度

耐心、专注、有礼貌的态度可以帮助倾听者掌握更多信息，提高倾听的效率和效果。

①耐心。

在日常生活的交谈中，并非每句话都包含着重要的信息，也并非第一句话就表明对方的主题和真实含义。第一句话一般观点不突出或逻辑性不强。因此要鼓励对方把话说完，否则就容易自以为是地去理解，断章取义，曲解对方的意图，导致交流失败。

另外，他人对事物的观点和看法有可能是自己不认同的，甚至是无法接受的。遇到这种情况应试着去理解对方的心情和处境，耐心听完，再恰当地表达自己的观点。

②专注。

走神是影响倾听效果的大敌。心不在焉、注意力不集中、频频做小动作都是非专注倾听的表现，将极大地影响倾听效果，这种表现还可能会让讲话者产生被轻视的感觉。

③有礼貌。

倾听时，应抱着虚心的态度，做到谦和亲切。如果对他人抱有成见，会直接影响对谈话内容的理解。有些人认为自己在某一问题上比别人懂得多，常常中途打断别人的讲话，急于阐述自己的观点，喜欢教育别人。这种强势推销、好为人师的人不会成为好的倾听者。

（2）倾听的要求

①身体前倾，表情自然。

身体前倾表达了倾听者重视的态度，自然的表情可以让沟通更加顺畅。反之，眉头紧锁、假笑、扬起眉头都是不好的表现。

②适当与讲话者保持视线接触，不要东张西望。

与讲话者视线的接触，是认真倾听的表现之一，有助于提高倾听的效果。

③注意力集中，情感投入。

面无表情、无精打采传递出的信号是对讲话者的讲话内容不感兴趣或不愿倾听。这种行为会影响讲话者的情绪，消减讲话者的热情。

④不做小动作，不随意看表。

双手不停抖动，时常看表，摆弄文件夹、钢笔或手头的东西，会让讲话者感觉你的注意力在别处，没有认真听讲。

⑤不随意打断对方的讲话，不向对方强加自己的观点。

随意打断别人的讲话，或借机把谈话主题引到自己的事情上，都是很不尊重对方的表现，因此要尽力避免。

⑥适时进行鼓励和表示理解，提供建设性的反馈。

倾听要专心静听，但并不是完全被动地、静止地听，而是要不时地通过表情、手势、肢体语言等与讲话者互动。讲话者往往希望自己的观点获得理解和支持，因此在倾听中回应讲话者一些简短的话语，如“对的”“是这样”“你说得对”等，或点头微笑以表示理解，是礼貌的表现。

4. 倾听的技巧

掌握倾听的技巧，可以提高倾听效率，更好地达到倾听的目的。

（1）保持中立态度

在别人向自己倾诉时，调整好自己的心态很重要。在倾听时最好保持中立的态度，这样可以客观地看待对方的观点，帮对方分析和解决问题。

（2）使用肢体语言

与人交谈时，无需开口，我们内心的感觉就会通过肢体语言清楚地表现出来。倾听过程中应适时使用肢体语言。常用的肢体语言包括点头、微笑、身体稍微前倾等。要避免出现交叉双臂、手托下巴等动作。

（3）运用反应式倾听

反应式倾听是在倾听的过程中用自己的话总结讲话者的重点，但不是完全重复讲话者说的话。运用这种倾听方式能让讲话者知道我们一直在听，而且也听懂了他所说的话，有利于对话的持续。

（4）注意提问的方式

①开放性提问。

开放性提问是指在倾听时，为了让对方对有关问题、事件做出较为详尽的回答而提出问题，通常使用“什么”“怎样”“为什么”等词语，提问时语气不能太生硬或随意。

②封闭性提问。

封闭性提问是指在试图澄清事实真相、验证结论与推测、缩小讨论范围等情况时，用“是不是”“对不对”“行不行”等词语发问。封闭性提问能让对方对有关问题做出简短、明确的回答，如回答“是”或“不是”，做一个简单的点头或摇头的动作等。但采用这种方法要适度，过多地使用会使对方处于被动地位，降低其自我表达的积极性。

（5）有效的情感反应

情感反应即把对方话语或动作中包含的情感进行综合整理后，再通过语言、表情、肢体动作等将自己的情感反馈给对方。这一技巧能使对方产生被理解、被重视的感觉。

二、说话

说话是交流思想和表达情感最直接、最快捷的途径，作为一种基本的表达形式，语言表达的好坏在很大程度上关系到社会交往的成败。无论是“一言兴邦，一言丧邦”，还是“良言一句三冬暖，恶语伤人六月寒”都体现了“说”的重要性。

1. 说话的语言要求

语言作为人类的主要交际工具，是沟通不同个体的桥梁。准确、文明、恰当的语言，可以达到事半功倍的效果。

（1）语言的文明性

言为心声，语为人镜。语言可以传达一个人的观念、意图乃至一个人的品格、能力等信息。别人可以凭借语言对讲话者形成印象，做出判断。身边发生的不文明语言现象，提醒我们应加强礼仪训练，与人交谈时使用吐露心声的文明语言，养成文明礼貌的语言习惯。

（2）语言的有效性

①好嗓音。

好嗓音能使交谈双方感到愉悦。好嗓音主要包括清晰的吐字、动听的声音。

②时代感。

语言的时代感是非常重要的。应与时俱进，将新时代积极向上的观点融入谈话中。

③好时机。

讲话时要考虑时机是否适合。例如：在生日、节日、纪念日、成功之日、获奖之日等特定的日子，一句由衷的祝贺或一段真诚的赞美会锦上添花；在他人心情沮丧或陷入困境之时，一番恳切的鼓励或一句贴心的问候，会达到雪中送炭的效果。

（3）语言的正确性

在我们开口之前应该意识到，说话的正确性是对人最起码的尊重。

①实事求是。

必须避免讲空话、大话、假话。“狼来了”的故事告诉大家，捉弄他人必然会受到惩罚。栽赃、陷害、中伤、诽谤会对别人造成极大伤害。俗话说“日久见人心”。说空话、大话者或许能迷惑别人一时，时间长了一定会被揭穿。

②表达准确。

有求于人时，要考虑对方是否有能力办到以及能否领会。太直接的问话显然令人不好回答，如：“可以借一笔钱给我吗？”不能准确表达意思的话也是失礼的，如手指着书架说：“请帮我把书递过来，好吗？”尽管用了客气委婉的语气，但由于没有准确表达是什么书，也会令人感到无所适从。

③区分场合。

正式场合与一般场合所使用的语言应有所区分。如称呼尊者、领导时，在正式场合一般用全称，即其名字加上其职位。

④把握语意。

在日常社交生活中，由于惯例和特定的需要，还有一种“言不由衷”的现象，如客套语、反语以及善意的谎言。不能将其视为虚伪和失礼，这些话应结合具体情形来理解。

（4）语言的情感性

①诚恳的态度。

说话时，应神情专注，态度诚恳亲切。表示祝贺时，态度应热情，而不是嘴巴动听，态度冷冰冰；应神态专一，而非失礼地东张西望、漫不经心。

②细微的差别。

有时一字之差就会影响所表达的感情，如招呼他人就座时说“坐”与“请坐”、“上座”与“请上座”，两两相比就令人明显感受到所获礼遇的差别。

2. 说话的礼仪

说话时遵从一定的礼仪规范，能使信息交流、思想沟通更顺利。

（1）多用礼貌用语

用语文雅可以体现出一个人的学识教养，社会活动中的礼貌用语尤为重要。

①尽量用敬语。

礼仪的核心内涵是尊敬，而其在语言上的体现就是要使用敬语。如把“你”换成“您”，把“喂”换成“先生”或“女士”。虽然是同一种意思，但表达的效果会因用词的不同而大为不同。

②少命令，多商量。

“请帮我跑一趟邮局好吗”与“你替我跑一趟邮局啊”，“麻烦让一下”与“让开”所表达的是同一种意思，但两者给人的感觉却相差甚远。

小知识

礼貌用语

初次见面应说：幸会	请人解答应说：请问
看望别人应说：拜访	赞人见解应说：高见
等候别人应说：恭候	归还原物应说：奉还
请人勿送应说：留步	求人原谅应说：包涵
麻烦别人应说：打扰	欢迎顾客应说：光顾
请人帮忙应说：烦请	老人年龄应问：高寿
求给方便应说：借光	好久不见应说：久违
托人办事应说：拜托	客人来到应说：光临
请人指教应说：请教	中途先走应说：失陪
他人指点应称：赐教	与人分别应说：告辞

（2）慎重选择话题

在人际交往中，选择一个好的话题，能使谈话有个良好的开端。

交谈中常涉及的话题：对方或自己擅长的话题；安全话题（指公共话题），如哲学、历史、地理、艺术、建筑、风土人情等；轻松愉快的话题，如电影、电视、体育比赛、美容美发、休闲娱乐、旅游观光、名胜古迹、流行时尚、烹饪小吃、天气状况等。

交谈中不宜涉及的话题：涉及国家机密和行业机密的话题；涉及交往对象隐私的，如收入、年纪、婚姻家庭、健康状况、个人经历等；格调不高的话题。

由于人们的学历、职业、精力、兴趣的不同，每个人所掌握的话题种类和数量也会有差别，因此必须尽量扩大话题储备，并根据具体场合选择合适的话题。在现实生活中，要肯下功夫学习，多看书报，有意识地积累自己的知识，这对选择话题有很大帮助。

3. 说话的艺术

（1）有备而谈

在日常生活中，童言无忌是天真可爱的。如果成年人说话冒失，则会令人反感。社交活动中的谈话要有所准备，讲究技巧，谈话时思路清晰，主旨明确，要时刻留意对方的反应，以寻找合适的话题，而不能随口乱说、信口开河。

（2）掌握分寸

谈话要有放亦有收，不过头，不嘲弄，把握好“度”；更要察言观色，注意对方情绪，对方不爱听的话少讲，一时接受不了的话不急于讲。如开玩笑的时候要看对象、场合。一般来讲，不要随便开女性、长辈、领导的玩笑，也不要与性格内向、多疑、敏感的人开玩笑。当对方情绪低落、心情不快时不要开玩笑，在严肃的场合更不能开玩笑。

（3）幽默风趣

幽默可以化解尴尬局面并且增强语言的感染力。它建立在较高的涵养、丰富的想象、乐观的心境和自信的基础之上。在交谈中，人们往往会因为意见不同而产生争论，这时就需要用应变能力和机智来消除障碍。

本章小结

个人礼仪是个人进行社会交往活动的必备素质，对社会成员间的交际沟通非常重要。个人要在社会交往中无往不利、游刃有余，就必须使自己仪容整洁、仪表得体、仪态优雅，语言表达文明礼貌。培养良好的个人素质，塑造良好的个人形象，掌握良好的个人礼仪，我们才能更好地融入社交生活，在交际活动中游刃有余。

活动与探索

1. 分析。

有这样一个实验：分别让一名戴眼镜、手持文件夹的上班族，一名打扮入时的漂亮女郎，一名拎着菜篮的中年妇女，一名身着笔挺军装的军官，一个发型怪异、穿着邋遢的男青年站在马路边打车。结果，漂亮女郎、军官、上班族、中年妇女打车的成功率高，打车最困难的是那个男青年。

个人形象在社会交往中起着怎样的作用？

2. 动手试一试领带的几种不同打法。

3. 与同学一起练习微笑，练习站、坐、行、蹲的标准姿势。

练习与思考

1. 个人礼仪包括哪些内容？学习个人礼仪有何重要性？

2. 简述基本的仪容规范。

3. 根据实际情况，从以下两题中选一题作答。

（1）女士选择发型应从哪几方面考虑？结合自己的实际情况谈谈发型选择应注意哪些问题。

（2）男士的面部护理有哪些步骤？结合自己的实际情况谈谈心得体会。

4. 服饰的色彩搭配可遵循哪些原则？

5. 简述饰品佩戴的原则。

6. 穿西装有哪些基本动作要求？

7. 简述基本站姿、坐姿和走姿的动作要点。

8. 请分别列出 3 条倾听和说话的技巧。

第三章　社会生活礼仪

经典
名句

君子贵人而贱己，先人而后己。

——《礼记·坊记》

社会生活礼仪是人们在公共生活和相互交往中约定俗成、普遍遵循的基本行为规范。作为公共生活的“通用语言”，社会生活礼仪重视小节，以小见大，能反映公民的文明素养，体现社会的文明程度。

本章先介绍通信礼仪，分别介绍电话、传真、手机短信和网络等方面的礼仪，然后介绍学校生活中学生与老师、学生与学生之间交往的礼仪，接着介绍家庭礼仪的相关知识，最后介绍人们在一些公共场所进行社会活动时必须遵守的礼仪。

第一节　通信礼仪

随着科技的发展，电话、传真、互联网等通信方式为我们获取信息、传递信息和使用信息提供了越来越多的选择。在享受现代通信为我们带来的便捷的同时，我们也应了解和掌握一些通信礼仪。

思考

上课前，其他同学都在自习，静静地等待老师的到来。小张用手机外放着音乐，全班同学都向他投去异样的目光，但他自己却没有发现，还沉浸在音乐的世界中。直到坐在附近的同学提醒他，他才关掉外放，插上耳机继续听。

上课了，小张没有好好听课，而是继续听音乐。直到老师发现来到小张身前，小张才很不情愿地收起了手机，开始听课。

课上到一半，老师的手机响了。老师直接在讲台上接起了电话，他的声音很小，并告诉对方自己在上课，然后很快挂掉了电话。在跟大家道歉后，老师继续上课。

小张和老师的行为有什么不妥之处？

一、电话礼仪

现代社会是一个快节奏、高效率的社会，电话已成为现代社会主要通信工具之一。电话具有使用方便、失真度小和效率高的优点。电话通信也是一种重要的社会交往方式。

1. 电话中的语言

电话中的信息传递和交换主要靠语言来完成。语言包含着非常丰富的内容，无论是尊重还是轻视，信任还是怀疑，快乐还是悲伤，都能从中得知。

阅读材料

一位颇有成就的企业家说："不管是在公司，还是在家里，凭这个人打电话的方式，就基本可以判断其教养如何。我每天不仅会收到好多预约演讲的信件，还会接到很多委托演讲的电话。我凭着电话里的说话方式，就能判断对方教养如何，凭对方在电话里的第一句话，就可以基本决定我是去讲，还是不去。"

电话语言要求礼貌、简洁、清晰和富有情感。

（1）礼貌

要将电话另一端的人当成坐在对面正在交谈的人，给予对方充分的尊重。在电话中应使用礼貌用语，如“您”“请”“谢谢”“请稍后”等，做到彬彬有礼、温文尔雅。在工作中，办公电话不仅关乎个人的素质与修养，同时也体现出公司的管理水平和公司文化。

（2）简洁

接、打电话时语言应简洁明了，随意占用对方的时间是不为对方考虑的失礼行为。

（3）清晰

接、打电话时发音要标准，吐字要清晰，语速要适中，音量适宜。一般情况下，语速保持在120~140字 / 分钟比较合适。当然，如果能够根据对方的语速而调整自己的语速，这样效果更好。

（4）富有情感

声音要富有情感，如热情、愉悦、关怀等，这样可以让对方感受到我们友好和真诚的态度。在电话中，对方看不到我们的笑脸，但是听得出带着微笑的声音，因为带有微笑的声音是甜美动听的，也是具有感染力的。

2. 打电话礼仪

打电话的人作为行为主动者，应该考虑被动接听者的感受。

（1）时间选择

时间选择包括选择打电话的时间和电话交谈所持续的时间。除紧急要事外，一般不在早上7：00以前、三餐时或晚上10：30以后打电话，同时还应注意到各个国家和地区的时差。给公司打电话，应避开刚上班或快下班这两个时间。

电话交谈所持续的时间以3~5分钟为宜。时间需5分钟以上的，应先说出自己来电的目的，并询问对方是否方便长时间接听。若对方此时不方便，则应另约时间或另选谈话方式。

（2）做好准备

打电话前要考虑好通话的大致内容。如果担心打电话时有遗漏，可以事先记录在纸上。因此，在电话机旁备有常用的电话号码表和做记录用的笔和纸非常重要。

（3）自报家门

打电话自报家门是必须的，这是对对方的尊重。即使对方是我们熟悉的人，我们也应该主动报出自己的姓名，因为接电话方往往不容易通过声音准确无误地确定打电话人的身份。另外，自报家门还包含着另外一层礼仪内涵，那就是直接将我们的身份告诉对方，体现了对接电话方是否与我们通话的选择权的尊重。

（4）请人接听

拜托对方请其他人来听电话时，语气要诚恳，态度要友好。对方帮忙去找人时，应手握话筒等待，不能放下话筒干别的事情。

（5）通话中断

在通话时，若电话中断，应再拨一次，拨通以后稍做解释，并表示歉意。

（6）结束通话

电话结束时，一般由拨打电话一方先结束谈话，然后以“再见”结束通话。挂断电话时，应待道别后从容挂断，不应话音刚落便匆忙挂断。使用电话机时，放下听筒的动作应轻柔，并确保听筒放置到位，以免阻碍来电的打入。

3. 接电话礼仪

接电话的人作为行为被动者，应尊重打电话方。

（1）适时接听

电话最好在铃声响三声之内接起，但也不宜立即拿起。如果立即拿起，会让对方觉得唐突。响铃超过三声以后再接听，若是办公电话则会给对方留下效率低下的印象，同时也会让对方不耐烦，变得焦急。如果因为客观原因，如电话机不在身边，或一时走不开，不能及时接听，就应该在拿起话筒后先向对方表示自己的歉意并做出适当的解释，可以说“很抱歉，让您久等了”。

（2）规范问候

在工作场合，接听电话时，首先应问候，然后自报家门。若接外线电话，应报出公司名称，如“您好，×× 公司”“您好，×× 学校”；若接内线电话，应报出部门名称，如“您好，销售部办公室，我是 ×××”。

阅读材料

接电话是许多大公司培训员工的一项内容。一公司要求员工接外线电话时第一句话一定要说“您好，××公司”。有一次，公司举行庆祝会，员工们集体在一家宾馆住宿。深夜，某项活动日程临时改变，宾馆前台只得一个一个地打电话通知。第二天她惊奇地对同事说：“你知道吗，我给50个房间打电话，起码有20个电话的第一句是‘您好，××公司’！”在深夜里迷迷糊糊地接电话，第一句话依然是“您好，××公司”，可见一个公司文化的力量，同时也体现了这个公司员工的职业水准。

（3）认真倾听

接电话时要认真倾听对方的说话内容，应注意不时说“是”“好的”等话语来回应，让对方感到我们在认真地听，不要轻易打断对方的话。

（4）热情代转

如对方不是找我们，而是请他人接电话，那么我们应礼貌地请对方稍候，如找不到接电话的人，我们可以主动地提供一些帮助，如说“需要我转告吗”或“有话要我记录吗”。

如对方找的是我们领导，领导刚好又不在，我们最好说：“对不起，×××不在。请问您是哪位？需要我留话吗？”不要先问对方是谁，然后再告诉他领导不在，以免给人造成实际上领导是在的，但不愿接他的电话的误会。

（5）做好记录

电话记录一般包括以下内容：谁来的电话、找谁、来电内容、来电原因、来电提到的地点、来电提到的时间等。对数字或重要内容可重复一遍与对方核对。通话完毕后，写上电话记录的时间及何人所记，及时交给有关人员。

（6）接听打错的电话

接到打错的电话，一些人很容易忽略礼貌问题，甚至很粗鲁，这是因为一些人认为打错的电话与自己没有关系。但事实上，并非打错的电话都必定与自己没有关系，有时对方可能是与自己有重要关系的人。因此，接听电话时，最好对每一通电话都讲究礼貌，保持良好的接听态度。接到打错的电话时，千万不要说：“乱打电话，怎么搞的！”当打错电话的人真诚道歉时，我们应礼貌地接受对方的道歉。

（7）礼貌挂断

当对方向我们说“再见”时，别忘了我们也应该说“再见”。通话完毕后不要仓促地挂断电话，甚至对方话音没落就挂断电话。如对方是长辈、领导、女性等，要听到对方挂断后再挂电话。

思考

接错拨电话案例

谢先生要与A公司联系，但拿起电话却说成了B公司。A公司的员工一听对方要找的是自己的竞争对手，“啪”的一声就挂断了电话。谢先生回过神儿来，心里很不舒服。他以前也跟接电话的这名员工联系过几次，没想到这名员工之前的温文尔雅都是装出来的，于是他再也不想与A公司合作了。

A公司的员工在接电话时有何不妥之处，应如何改进？

二、传真礼仪

在商务交往中，经常需要将某些重要的文件、资料、图表即时送达身在异地的对方手中，相对于用快递、邮递等方式传递某些文件、资料，用传真更快捷方便。因此，传真被人们广泛地使用。

1. 发传真

发送传真时，在具体的操作上必须力求标准而规范，否则会令传真的效果受到一定的影响。

（1）完整

在发送传真时，应检查是否注明了本公司的名称、发送人姓名、发送时间及自己的联络电话。同样，应写明收传真人的姓名、所在公司、部门等信息。所有的注释均应写在传真内容的上方。有些正式的传真要求有封面，其上注明传送者与接收者双方的公司名称、人员姓名、日期、总页数等，这样接收的人可以一目了然。

（2）清晰

发送传真时应尽量使用清晰的原件，避免发送后出现看不清楚内容的情况。

（3）保密

公共传真机保密性不高，任何刚好经过传真机旁边的人都可以轻易看见传真纸上的内容，要求传真件完全保密难度很高。因此，任何涉及隐私和比较隐秘的事，最好不用公共传真机传送。

（4）询问

如有可能，在发传真前，应该先打电话给收件人询问其现在是否方便接传真，并说明发送的部门和人员姓名。在公司里一般多人共用一台传真机。如果不说清楚，信件就有可能会发到别人的手里。如果别人没能做好转交工作，则易造成传真遗失。

如果没有得到收件人的允许，不要将发送时间设定在下班后，这是非常不礼貌的行为。如果传真机设定在自动接收的状态，发送方应尽快通过其他方式与收件人取得联系，确认其是否收到传真。

（5）告知

当正在发传真时，由于某种原因中断传真，应及时告知收件人。如果处理不好，会让收件人误认为我们并没有诚意发传真，或者认为我们并不重视这个传真，从而引起误会。

2. 接传真

人们在使用传真设备时，最看重的是它的时效性。因此，在收到他人的传真后，应当在第一时间采用适当的方式告知对方，以免对方惦念。需要转交他人发来的传真时，千万不可拖延时间，避免因疏忽造成传真丢失，耽误对方的要事。任何信息丢失都可能造成时间的延误，甚至影响合作业务，这样的细节不可轻视。

如果对方不能准确说出要发送传真的部门和个人，不能说公司没有这个人，就挂断传真电话，粗暴地拒绝接收传真。这样做会有损公司形象，还有可能拒绝了想洽谈商务的客人，从而失去合作的机会。

如果在接收传真时刚好有急事、要事，我们应该礼貌地说明原因，可以说："真不巧，我不得不先办完手头上的这件事。""我一会儿再联系你可以吗？"

三、手机短信礼仪

手机短信快捷方便，因此，发短信成为我们日常生活和工作中重要的沟通方式，收发短信也有应遵循的礼仪。

1. 内容要健康

应重视短信内容的选择，不要编辑或转发内容不健康的短信。收到含有不良内容的短信应立刻删除，不要传播。

2. 编辑应规范

编发短信用字用语要规范准确、表意清晰、文明礼貌。

3. 必要时署名

给第一次联系的人发短信时，短信内容后要留姓名，以便让接收方知晓发送人。短信署名既是对客人的尊重，也是为了避免造成不必要的麻烦。

4. 分场合使用

一边和别人说话，一边查看手机短信是对别人不尊重的表现。在需要保持安静的公共场所，或在与人交谈时，请将短信接收提示音调至静音或震动状态。

有些重要电话可以先用短信预约。当要给重要的人打电话时，若知道对方很忙，可以先发短信询问对方是否方便接听电话，得到对方回复后再致电。

如果事先已经与对方约好参加某个会议或活动，为了避免对方忘记，最好事先提醒一下。提醒时适宜用短信而不要直接打电话，因为打电话似乎有不信任对方之感，而使用短信就显得相对亲切。

四、网络礼仪

随着互联网的普及、信息化的发展，网络已成为人们生活必不可少的组成部分。利用网络，人们能摆脱地域的限制，实现信息的实时共享，促进彼此之间的沟通，方便日常生活。真实世界中的社交活动有不少礼仪，在互联网虚拟世界中也同样有一套礼仪，这便是网络礼仪。网络礼仪是保证互联网使用者间正常交往和相互理解的重要手段，也是判别互联网使用者是否文明礼貌的行为标准。互联网使用者必须遵守网络礼仪，忽视网络礼仪则可能会对他人造成困扰，引发网上骂战，甚至触犯法律。

1. 基本原则

（1）遵纪守法

互联网不是法外之地，在虚拟空间我们也要遵守法律法规。不通过网络进行赌博、诈骗等活动，不利用网络散播谣言，不侵犯他人的著作权、隐私权等权利。如发现违法违规行为，应向有关部门检举揭发。

（2）注意网络语言文明

网络言行同样能体现一个人的品格修养。在互联网上，不应相互指责谩骂，搞人身攻击，不应使用粗俗的词语。我们应用语文明，理智发言，不让网络充斥着焦虑浮躁甚至暴戾色彩，共同营造健康绿色的网络环境。

（3）增强自我保护意识

网络信息传播速度快、范围广，因此我们更应加强自我保护意识，注意个人信息安全。网络交友、用户注册时，要确保当前网络环境安全、网站正规，切勿随意泄露自己的个人信息。不轻信中奖信息，不轻信网络小广告，谨防上当受骗；规范网络交友，不随意答应网友邀约，保护人身安全。面对网络暴力，最好的做法是不予理睬并举报不良言论。

（4）利用网络不断学习

互联网上共享的资源让学习知识变得更加容易、更加方便。我们应该有效利用这一便利的资源，拓宽自己的眼界，丰富自身的知识储备。

（5）抵制网络上的不良信息

网络上因为鱼龙混杂，信息也难免鱼目混珠，因此要有是非分辨能力，不浏览含有淫秽、暴力和迷信等内容的网页，遇到不良信息应及时举报。要清楚地认识到散布网络信息的严肃性，对国家政治等敏感话题不参与、不散播。

（6）不传播、散布谣言

在网络上，我们应学会明辨是非，不要乱跟风，不要人云亦云。不能因为在网络环境中便心存侥幸，恶意制造、散播谣言，扰乱社会秩序。恶意造谣触犯法律，后果很严重。

（7）上网有度，不沉迷网络

网络游戏、网络交友和网络论坛等构成了丰富多彩的网络世界，但是不要忘记现实世界与网络世界一样多姿多彩。适当利用网络虚拟世界调剂生活的同时，我们应学会自律、自控，控制上网时间，常去户外走一走，与同学和朋友多沟通，养成良好的生活习惯，让网络服务我们的生活，而不是侵占我们的时间。

阅读材料

在网络上散布谣言要承担哪些法律责任？

在网络上散布谣言要承担的法律责任主要包括民事责任、行政责任和刑事责任。

民事责任，即如果散布谣言侵犯了公民个人的名誉权或者侵犯了法人的商誉的，依据《中华人民共和国民法典》的规定，要承担停止侵害、消除影响、恢复名誉、赔礼道歉及赔偿损失等责任。

行政责任，根据相关规定，有下列行为之一的，处五日以上十日以下拘留，可以并处五百元以下罚款；情节较轻的，处五日以下拘留或者五百元以下罚款：（1）散布谣言，谎报险情、疫情、警情或者以其他方法故意扰乱公共秩序的；（2）投放虚假的爆炸性、毒害性、放射性、腐蚀性物质或者传染病病原体等危险物质扰乱公共秩序的；（3）扬言实施放火、爆炸、投放危险物质扰乱公共秩序的。

刑事责任，根据《中华人民共和国刑法》和《最高人民法院、最高人民检察院关于办理利用信息网络实施诽谤等刑事案件适用法律若干问题的解释》，网络造谣根据具体情节涉嫌构成诽谤罪，寻衅滋事罪，敲诈勒索罪，非法经营罪，损害商业信誉、商品声誉罪，煽动暴力抗拒法律实施罪，编造、故意传播虚假恐怖信息罪等罪名。

2. 电子邮件礼仪

发送电子邮件是人们工作、生活中常用的、快捷的互通信息的手段。在使用电子邮件进行沟通时，我们应注意以下礼仪。

（1）简洁

在编写电子邮件时，应注意简洁、清楚地表达自己的意思。语言要简略，不要重复、不要闲聊，写完后检查一下有无拼写错误和不必要的话语。因为我们的电子邮件可能会被打印出来，作为正式文件，或被张贴在公告牌上。

（2）礼貌

和写普通的信件一样，电子邮件中的称呼、敬语必不可少，写好后还要检查所用的字体和字号大小，太小的字号不仅收件人看起来费力，也显得粗心和不礼貌。写邮件时最好在主题栏写明主题，以便让收信人一看就知道来

信的要旨。最好不要将正文栏空着只发附件，这样不仅不礼貌，还容易被收件人当作垃圾邮件处理掉。

发送完毕后，可以通过电话询问对方是否收到邮件，通知收件人及时接收阅读。收到电子邮件后，要注意尽快回复来信。如果暂时没有时间，就先简短回复，告诉对方我们已经收到他的邮件，有时间再详细说明。

（3）安全

在发送电子邮件时，要尽可能保证邮件的附件不携带计算机病毒。因此，如果没有反病毒软件实时监控，发送邮件前务必先用杀病毒软件杀毒，以免不小心把有病毒的邮件发给对方。如果没有把握，可以用邮件文本的方式发送内容，而不使用附件。

接收电子邮件的安全问题很重要，来历不明的信件必须谨慎处理，如无法确认则最好删除。要注意网上的保密工作，不要将公司或私人的电子邮件账号保存在公共电脑里。

电子邮件有异地接收功能。不论我们在何时何地，只要网络畅通，打开电子邮箱，就可以接收电子邮件。利用这个功能，可以将许多常用的资料放入电子邮箱备份，出差在外时，如有需要，就可以打开电子邮箱，从中下载使用，这样既方便又快捷。但一些核心机密文件不要轻易使用此方法，使用也要加密，阅读时再解密。

小知识

许多邮箱容量有限，因此要定期及时清理邮件收件箱、发件箱、垃圾箱，空出邮箱容量空间，并及时将一些有用的电子邮件地址记下来，存入通信录中。

3. 网络信息的获取与发布

在生活、学习和工作中，遇到解决不了的问题，完成某项任务需要一些辅助资料，或对某些知识产生兴趣时，我们都可以通过网络搜索获取有关的信息。我们也能通过网络向更多的人分享自己的经历和感受，与更多的人一起讨论感兴趣的话题，针对时事发表自己的看法，等等。在这些过程中，我们也应遵从一定的礼仪。

（1）网络信息的获取

想要通过网络获取信息，首先要有明确的目标，选取合适的关键词；其次要选择合适的网站进行搜索；最后要根据自己的需求过滤信息，找到真正对自己有帮助的信息。在浏览网络信息的过程中，要保持理智，通过丰富自身知识，提高辨别能力，不因一时兴起而浏览一些不良网站，不轻易相信网页上弹出的小消息、小广告。在正规网站上，遇到一些需要收费的文献资料、音乐和视频等，应根据自己的经济实力购买，不要投机取巧，通过一些非法的途径获取。

（2）网络信息的发布

随着网络的发展，网络社交平台的数量也不断增加，我们可以通过这些网络平台发布文字、图片和视频，加入不同的讨论小组，寻找志同道合的朋友。在网络社交平台上发布信息时，应注意用语文明，要对自己发布的信息负责，不发布谣言，不传播淫秽、暴力、扰乱社会秩序的内容，不随意泄露个人和集体的信息。在讨论小组中与他人交流时，应注意自身形象，遇到问题时理性沟通，不挑衅、挑拨，不恶语中伤他人。当发现讨论小组中的一些成员发布不良信息，甚至可能触犯法律时，应及时向有关部门举报。

第二节　校园礼仪

学校是学生学习、生活的场所。在课堂上、在活动中，在与老师和学生相处的过程中，我们都要遵守一定的礼仪。这样才能增进师生或生生之间的关系，营造和谐、积极、健康的校园环境，更好地促进我们的学习。

一、师生之间的礼仪

尊师是我国的传统美德。“一日为师，终身为父。”可见老师在人们心中的地位之高。老师被称为“人类灵魂的工程师”，为学生传道、授业、解惑，理应受到学生和社会的尊重。

阅读材料

唐太宗教子尊师

唐太宗李世民是唐朝的第二位皇帝，也是我国历史上的一位明君。他认为国家要兴旺发达、长治久安，教育好子女非常重要，因此把教诫太子及诸王作为“当今日之急”。因此，他给几个儿子选择的老师都是德高望重、学问渊博的人，并且一再告诫儿子们要尊重老师。

在封建社会里，宫规森严，除皇帝和他的后妃、子女可以坐轿外，其他官员不要说坐轿，就是出入也是诚惶诚恐的。然而有一次，太子的老师李纲因患脚疾不能行走，唐太宗知道后竟特许他坐轿进宫讲学，并诏令皇太子亲自去迎接老师。

礼部尚书王圭是唐太宗四儿子李泰的老师。有一天，唐太宗听到有人反映李泰对老师不尊敬，他十分生气，当着王圭的面批评儿子说：“以后你每次见到王圭，就如同见到我一样，应当尊敬，不得有半点放松。”从此，李泰见到老师王圭，总是好好恭迎，听课也认真多了。

因为唐太宗家教严格，他的几个儿子对老师都很尊敬，从不失礼，唐太宗教子尊师之事也被后人传为佳话。

1. 见面礼仪

学生见到老师要面带笑容，亲切问候或招呼致意，例如：见到老师要主动问好，分别时说“再见”；进出校门及上下楼梯时给老师让行；问老师问题时用“请问”，老师回答后要道谢；等等。

2. 拜访礼仪

进老师办公室时要轻轻敲门，得到允许后才能进入，进去后应先行礼，然后说明来意。到老师办公室不能乱翻、乱动物品，不宜逗留过久，办完事应尽快离开。午间休息时间最好不要打扰老师。

3. 交谈礼仪

学生向老师反映情况或跟老师交谈，应主动请老师就座。若老师不坐，学生应该和老师一起站着说话。交谈过程中应认真倾听、礼貌发言，对老师说实话、真话，不欺骗、顶撞老师。

4. 书信礼仪

给老师写信要注意书写格式，不乱写乱画，反映的情况要真实，不弄虚作假。逢教师节、传统节日等，可以向老师赠送贺卡以表心意。

二、同学之间相处的礼仪

我们在学校中面对最多的就是同学，同学之间的友谊是校园生活中值得珍惜的。要获得良好的同学关系，就应注意与同学相处的礼仪。不看重同学之间相处礼仪的人，不但难以得到同学的关心和帮助，更难以真正享受青春的快乐。因而，每个学生都应讲究礼仪，学会与同学友好相处之道。

同学之间相处的礼仪涵盖范围很广，从一声简单的问候到同学之间矛盾的处理，无处不存在礼仪。在实际的交往进程中，仅有团结有爱的美好愿望是远远不够的，我们要将愿望付诸行动，根据礼仪的要求切实地指导自己的言行。

1. 礼貌待人，尊重他人

在学校的集体生活中，每个同学都应讲礼貌，彼此之间以礼相待。这种礼貌可以体现在语言上，比如，同学间应用名字或昵称相称，不宜用“喂”“哎”等不礼貌的用语，更不可因同学的生理或心理缺陷而给同学起带有侮辱性的绰号；需要同学帮忙时，应用“请”“谢谢”“麻烦你”等礼貌用语；自己犯了错误、做了错事而影响到同学时，应说“对不起”“抱歉”，真诚地道歉。这种礼貌当然也应落实到具体事件之上，比如，借用同学的学习或生活用品时，应先征得同学同意，不可不问自取，更不可强行拿来用，用后应及时归还并致谢；毁坏同学物品要主动赔偿，耍赖不赔的行为不可取。

在学校生活中，我们还应尊重同学的人格，尊重他人的隐私。无论是做事还是说话，都要顾及他人的自尊，不说同学忌讳的话，不做损伤他人自尊的事。对同学的相貌、体态、衣着等，不应评头论足或当众嘲笑。对同学遭遇的不幸和失败，比如家庭变故或学习落后等，不应幸灾乐祸、嘲笑歧视。不可到处刺探打听同学的隐私，更不可把别人心灵上的创伤当作闲言碎语来传播。

2. 热情待人，团结互助

同学之间应在学习、生活中热情相待、相互关心。当同学有困难求助于我们时，我们应主动帮助，若是自己解决不了的问题，也应真诚地替同学出谋划策，寻找解决之道。其他同学之间产生矛盾时，要帮忙相劝，尽力化解

双方心结，不应冷眼旁观，更不可在旁边煽风点火，唯恐天下不乱。同学的家长或朋友来访而本人又不在时，应热情主动地代为接待。

3. 宽以待人，严于律己

要以宽广的胸襟对待同学，不能要求同学完成自己都无法做到的事，也不要因一些小事而与同学争执，甚至恶语相向、大打出手。要善于谅解同学犯的小过错，不抓着一点小事不放，更不可在以后的学习及生活中反复提及。同时，对自己要严格要求。不能认为犯同学犯过的错是理所当然的。不自以为是，以自我为中心，置他人的提醒和建议于不顾。要明白“己所不欲，勿施于人”，这样能让同学关系更加和谐。

小知识

与同学相处的十准则

一是同学见面要主动问候。

二是与同学说话态度诚恳、谦虚，语调要平和，听同学说话要专心，有目光交流，不轻易打断同学讲话。

三是同学间交往应讲普通话，使用礼貌用语。问问题要用“请问”“对不起”“打扰你一下”“向你请教个问题”等，问后要道谢。同学回答不上来时，可以说：“不要紧，这个问题比较难回答，耽搁了你的时间，谢谢。”

四是尊重同学，不叫同学的绰号，不说使同学伤心难过的话。

五是选择合适的方式主动帮助有困难的同学，真诚地指出同学的不足或肯定同学的长处。

六是男女同学应互相尊重和关心。

七是借用同学的东西要先征得同意。对同学的东西要特别爱护，按时归还，一旦遗失应立即道歉并赔偿。

八是不说长论短、搬弄是非，不嘲笑同学。

九是不斤斤计较，对同学的小过失或冒犯要宽宏大量。

十是讲信用，在不违反校纪校规的前提下，答应同学的事要尽力做到，做不到时要表示歉意。

三、校园公共场所礼仪

校园公共场所是同学们生活、学习和娱乐的地方，每个学生都有责任维护它的秩序，共同创造温馨和谐的校园环境。

1. 校园公共场所基本礼仪

不在楼道内吵闹或大声喧哗，上下楼梯时不争道抢行，不说笑打闹。其他班级未下课时，脚步要放轻，迅速走至楼外。

要自觉保持校园整洁。不随地吐痰；不乱扔垃圾；看到塑料袋、铅笔屑、废纸等垃圾时应主动拾起，放到垃圾箱内；上厕所后立即冲刷干净。

要节约用水、用电，爱护公共财物，不在黑板、墙壁和课桌椅上乱涂、乱画、乱抹、乱刻，爱护花草树木，不踩踏草坪，不攀折树木。

2. 校园特定公共场所礼仪

图书馆、阅览室、教室、食堂、宿舍是我们每天学习、生活的地方，是校园内特定的公共场所。在这些场所，我们要从小事做起，从身边做起，体现礼仪和文明，用礼仪约束行为，用文明诠释青春。

（1）图书馆、阅览室礼仪

图书馆是公共学习场所，我们到图书馆，要穿着整齐干净，服装大方得体，尽量不穿走路声响大的高跟鞋，不穿拖鞋。

进入图书馆要注意维持公共卫生和公共秩序，人多时要按次序进入。在图书馆内不高声说话，不吃零食，不吸烟，不随地吐痰，走路步履要轻盈。落座时移动椅子要轻挪轻放，尽量不发出声音，也不要一人占用多个座位。

检索卡片时，动作要轻缓，不要弄坏、弄丢卡片。去书架上找书时，要轻取轻放，看完后要放回原处。阅览时应轻翻书页，尽量不发出声音，翻页时不要沾唾沫。要爱护图书，不折叠、污损书页，不乱涂、乱画，更不能撕扯书页，损坏图书。

（2）教室礼仪

教室是学生获得知识的场所，是学生汲取精神养分的园地，因而对我们而言，教室礼仪有其存在的必要性和重要性。遵守教室礼仪有利于保持良好的课堂环境，有利于学生更好地学习科学文化知识。

①上课。

学生应在正式上课铃响之前进入教室，准备好上课所需的课本和文具，端坐等候老师到来。若迟到了，应在教室门口停下脚步，然后喊“报告”，经

老师允许后再进入教室，并轻轻拉开椅子坐下。不应未经老师允许就冲入教室，或在入座时制造噪声。

②听课。

当老师宣布上课时，应起立向老师问好，待老师回答后，方可坐下。老师讲课时，要集中注意力认真听讲，遇到重要的内容应做好笔记。听课不要心不在焉或哈欠连连，更不可趴在桌上休息。当老师提问时，应先举手，待老师点到名字后才可站起来回答。回答时，身体要立正，目光要正视老师，声音要清晰响亮。若对老师的讲解有不解之处，应等老师讲完一段后再举手提出，不应随意打断。如果老师在讲课中出现失误，应善意地指出，如采用传纸条的方式，不可大声驳斥老师，更不可嘲笑老师。上课时，不应做与课堂内容无关的事，比如看其他书或交头接耳、窃窃私语。如学校规定上课时不可携带手机，则应严格遵守。如上课时可携带手机，也应关闭手机或将手机调成静音，避免在课上打、接电话，影响老师授课。

③下课。

听到下课铃响时，不要忙着收拾书本，或把桌子弄得乒乓作响。若老师还未讲完或未宣布下课，则仍应安心听讲。如果实在有急事，应举手向老师说明，经老师允许方可离开教室，不可随意走出教室或趁老师不注意溜出教室。当老师宣布下课时，应起立向老师道别。

（3）食堂礼仪

民以食为天，食堂是每所学校必备的公共场所，也是学生就餐的主要场所。有序进餐，文明进餐，是食堂礼仪最基本的内容，也是对学生就餐提出的基本要求。

①有序排队。

到食堂购买饭菜应自觉排队，保持井然有序，尤其是中午或傍晚下课时间，人流量大，若不有序排队，就会造成拥堵，影响其他同学进餐。排队的时候不应打闹，不应用筷子或勺子敲打碗盆，更不能随便插队。若确实有急事需提前进餐，应得到该队同学的同意，才可先行购买。

②文明就餐。

到食堂就餐要讲文明，不穿背心短裤及拖鞋进入食堂，更不可赤膊。进餐时坐姿端正，不随意走动。饭菜要细嚼慢咽，不可狼吞虎咽，咀嚼或喝汤时嘴里不发出太大的声音。饭菜含在嘴里的时候不说话、不打闹。不和同学争抢食物，更不可互相泼撒食物玩乐。进餐时尽量避免大声喧哗，食物残渣不能往地上吐，应吐在桌上或餐盘里。当着他人的面最好不要剔牙，若非剔不可时，也应用手或其他物品遮挡。

③爱惜粮食。

爱惜粮食是中华民族的传统美德之一，在食堂进餐不要浪费食物，要勤俭节约，爱惜每一粒粮食。购买饭菜时，应根据自己的食欲和饭量购买适当的量，不应为攀比或其他原因乱买一气，以免造成浪费。不应挑食，只拣喜欢的菜吃而将剩余的菜倒掉。在用餐过程中，尽量避免因疏忽大意而将饭菜撒到桌上或地上。

④礼貌就餐。

就餐高峰期时，食堂人满为患。寻找座位时，若看到餐桌上已坐着一位就餐的同学而旁边还有空位时，应礼貌地问："请问这里可以坐吗？"在得到肯定的回答后才可入座，不能未经询问便自行入座。已在用餐的同学应热情对待要求入座的同学。若旁边座位是为他人所留的，应如实说明，不可为方便自己用餐而拒绝他人入座。和老师或学长（学姐）一起吃饭时，应该先请老师或学长（学姐）入座。若先吃完或要先离开，应请老师或学长（学姐）慢用。

⑤保持清洁。

不乱撒饭菜，不乱丢食物残渣。饭后应把餐盘、勺筷等放到残食台，保持餐桌的干净。若不小心弄脏地面，应让食堂工作人员及时清理。如果工作人员不在或抽不出身，应自行清理，以免给他人带来不便。

小知识

校园环保宣言

一、关心校园的环保：我愿积极参与学校环境保护活动，共同维护校园环境。

二、做到均衡的饮食：我要保持饮食均衡适量，提倡喝白开水，少喝饮料，少吃零食。

三、节约用水和用电：我会节约用水，并养成随手关灯的好习惯。

四、做个绿色消费者：我力行绿色消费，自备午餐餐具，减少一次性餐具的使用。

五、自备购物袋购物：我愿推行购物自备购物袋活动，少用塑料袋或过度包装、不易回收的产品。

六、公共交通省又好：我愿使用公共交通工具上下学。

七、抵制污染小广告：我不会在校园内乱贴海报和小广告。

八、礼仪环保静悄悄：我愿告诉家长，年节祭祖少用纸钱、鞭炮，不制造噪声污染。

九、爱心看待动植物：我愿拒食、拒买野生动植物及其制品，爱护校园中的花草树木。

（4）宿舍礼仪

宿舍是寄宿制学校学生生活起居的场所。住宿的学生有相当一部分时间在宿舍里度过，所以宿舍生活的好坏会直接影响学生的学习状况和人际关系。良好的宿舍礼仪不仅能保证正常的学习生活，促进同学之间的友谊，还能反映个人良好的修养，是每个学生应好好遵守的行为规范。

①营造良好的宿舍环境。

应做好宿舍卫生工作。宿舍内部，个人的床铺要整理干净，床单不拖出床沿，被褥要每天折叠，床上用品应定期换洗。衣服、水杯、饭盒、热水瓶等生活用品，要统一整齐地放在规定的地方。换下的脏衣服、脏鞋袜等须及时清洗，以免时间长了影响宿舍里的空气质量。不在宿舍的墙上、桌上乱写乱画，不乱丢垃圾、乱倒脏水。宿舍卫生定时轮流打扫，包括地面、桌椅、橱柜和门窗等。宿舍外部，包括楼梯、走廊、公共盥洗室、公共厕所等公用场所，也应保持干净。不将宿舍垃圾倒在这些公用场所，不往公用场所的墙上乱涂乱画或蹭抹脏物。住在楼上的学生不往楼下倒水、丢废品。

在宿舍内活动时，应以不影响他人生活为准。起床、就寝、熄灯等应尽量遵守作息时间，若晚睡或早起应轻手轻脚，以免影响同学休息。不在宿舍内高声谈笑，大喊大叫。听音乐、看电视或电影应尽量戴耳机，以免影响同学学习。

②建立友好的室友关系。

室友间应相互关心、以诚相待。同学有了困难应热心相帮，急人之所急。同学遭遇不幸要给予同情，不可幸灾乐祸甚至冷嘲热讽。但关心要把握好度，帮助要顾及他人自尊，不能过分干预别人的私事，不可打探别人的隐私，以免侵犯同学的个人权利，伤害他人。

不随便使用、移动同学的学习生活用品，如需借用必须先征得他人同意，借用过程中如有损坏应主动赔偿。不可私自翻看别人的日记，不可私拆、私藏别人的信件。若无意看到同学翻开的日记或拆开的信件，也应主动回避。

对同学要宽容礼让，同学之间产生摩擦矛盾时应妥善处理，大事化小，不能为小事互不相让，甚至吵架打斗。但礼让也要把握好度，不可一味迁就，在原则问题上应坚持自己的观点，以理服人。

③串门、接待访客的注意事项。

去他人寝室串门前，应提前告知，得到同意后再前去。进门后，应主动向该寝室的同学打招呼。不随便乱坐，应在他人邀请或允许后坐在相应的椅子或床铺上。不随意翻动他人物品，不乱用他人物品。讲话时不应大声攀谈、肆意笑闹，应注意说话的音量，停留时间也不应过长，以免影响其他同学的正常作息。要选择合适的时间过去，不要在多数同学处理生活问题的时候，更不要在熄灯后过去。进入宿舍后不要东张西望。如学校明令禁止不许进入异性宿舍，应严格遵守学校规定。

当有亲友或外人来访时，应先向室友打招呼。如果来访者是异性，要事先向宿舍管理员说明，严格遵守学校的规定。进寝室后，应主动介绍室友和来访者。谈话时要轻声细语，不影响室友学习休息。不要留客过久，更不要随便留人住宿，以免出现安全问题。

当室友有亲友来访时，要做到礼貌待人。若其所谈之事较为私密，应适当回避，不在一旁偷听，更不可插嘴，以免使客人不快。如果室友不在或暂时离开了，应代为接待。

第三节　家庭礼仪

家庭礼仪是人们在长期的家庭生活中，用以沟通思想、交流信息、联络感情而逐渐形成的约定俗成的行为准则和礼节、仪式的总称。家庭礼仪是实现家庭和睦与幸福的基础，在社会生活中发挥着重要的作用，具有调节家庭成员间和谐关系，维护社会安定的重要功能。

一、晚辈对待长辈的礼仪

1. 关心长辈

晚辈对长辈的关心可在小处体现。长辈外出时，提醒他们带好东西。如果天气多变，应提醒他们带好雨具、穿好衣服。长辈生日时，给他们唱首歌、送个小礼物等，如果在外地赶不回来，也应打个电话给长辈送上祝福。

关心也可在具体的事件上体现。长辈身体不好时，应主动为长辈加餐进补，调养身体；长辈生病时，应主动照顾，承担起端药送水、看护陪同的工作；长辈疲劳时，应自觉帮长辈做家务活，减轻长辈的劳动量；长辈心情不佳时，应陪长辈聊天说笑，宽慰长辈，减轻长辈的心理负担；长辈遇到困难时，应帮长辈出谋划策，替长辈排忧解难。总之，无论是细节还是大处，晚辈都要关心长辈，以报答长辈长久以来的养育之恩、爱护之情。

2. 尊重长辈

晚辈应尊重长辈的选择，不要将自己的意志强加在长辈身上。现在有不少年轻人，认为长辈的思想早已跟不上时代，因而认为长辈做的选择大多是错误的、过时的。长辈有长辈的价值标准和人生理想，做晚辈的不应对长辈的选择妄加干涉、指手画脚，更不能出言不逊，甚至以长辈不听从自己的意见为由而与长辈断绝关系。

晚辈应尊重长辈的个人生活，不能随便进行干涉。不能随意翻动长辈的私人物品，打探长辈的隐私。长辈不在时，不要随便接听长辈的电话或偷看长辈的信息留言。进入长辈的房间时，应先敲门，得到长辈的允许后再进入。长辈有自己的社会交往、人情往来和财政开支，晚辈不要横加干涉。如父母丧偶再婚的问题，子女应以父母的幸福为重，给予支持和理解，不要粗暴干涉。

晚辈还应顾及长辈的感受，维护长辈的尊严。有外人在场时，晚辈不要随便驳斥长辈，尤其是长辈上了年纪后，晚辈不要在外人面前数落长辈或厉声指责长辈。另外，在长辈面前，尤其是年老的长辈面前，不要随便说“老”“不中用”等对长辈失礼的话语。

长辈的教诲，晚辈不要当作耳边风，不要阳奉阴违，更不能当面顶撞、反驳。有不同的想法和考虑时，可以同长辈商量交流，即使受了委屈也不要冲长辈发火、顶撞长辈，要耐心温和地向长辈解释，让长辈宽心。

3. 体谅长辈

晚辈要学会体谅长辈，尝试站在长辈的角度思考问题。长辈思考问题、做事情，无论采取怎样的方式，结果怎样，他们的出发点都是善意的，晚辈不要对此不加领会，随意拒绝长辈的好意和关心。长辈要处理的事情比较多，有时忙起来难免会忽视晚辈，忘记答应晚辈的事，此时晚辈应体谅长辈，不要为一点小事纠缠长辈甚至无理取闹，应尽量避免给长辈增添麻烦。

作为晚辈，尤其是子女，不能在没弄清父母做事的用意之前，任性地加以指责，甚至对父母产生抵触心理。另外，长辈考虑问题一般比较全面、细致，因而有时做事难免左右为难、犹豫不决，做晚辈的也不能因此怀疑长辈处理事情的能力，出言讥讽长辈。

长辈年纪大了，总会有些唠叨，晚辈不要认为长辈啰唆，应知道这是正常生理现象。长辈不是圣人，有时也难免犯糊涂、做错事，晚辈应谅解长辈的失误，不要不留情面地责怪长辈，而使长辈难堪，更不要因此对长辈不理不睬，让长辈伤心。

4. 孝顺长辈

长辈上了年纪，活动能力自然会下降，晚辈应给予贴心的照顾，帮做家务，有空就陪长辈说话解闷。年纪大的人有时比较固执，做晚辈的不要同长辈较真，要多和长辈沟通。

要随时关注长辈的健康状况。上了年纪的人最容易碰伤跌伤，做晚辈的要多加留意，一旦受伤就尽快医治。有些老人到了晚年手脚不便，成天躺在床上，做晚辈的不能因此嫌弃长辈，责怪其给自己带来麻烦，而应悉心照料。

二、同辈之间的礼仪

对我们学生来说，在家庭关系中的同辈关系主要指兄弟姐妹、堂兄弟姐妹或表兄弟姐妹之间的关系。同辈之间能否彼此关心、彼此爱护，情同手足地相处，是决定家庭能否幸福和谐的重要内容。同辈之间大都年龄相近，要

做到和谐相处也并非易事，因而有必要学习同辈之间相处的礼仪。

1. 兄姐对待弟妹的礼仪

兄姐对待弟妹应一视同仁，给予他们同等的关注和帮助，不要偏爱其中一个，忽视其他人。如果在具体的某一事件中无法做到同等对待，比如只能带一个弟弟或妹妹去看电影或只有一本书能送给弟弟或妹妹，那么在以后相同或类似的事上，应优先照顾另一个。当然，在此类事件上，兄姐可以根据弟妹的表现，用奖惩的方法来处理，但也要把握好度，不要每次都固定地奖励表现最好的那个，对其他的弟妹的进步和成绩也应做出肯定和鼓励。

兄姐要以身作则，成为弟妹效仿的楷模。在同龄人之间，年纪稍长者的行为，常常对弟妹有着非同小可的影响，因而兄姐要处处做好带头作用，引领弟妹向好的方向前进。在家庭生活中，兄姐应努力成为父母的好帮手，帮助父母干家务活，减轻父母的负担；在学习工作上，兄姐应刻苦认真、多创佳绩，成为弟妹学习的榜样；在待人方面，兄姐要对人友善，宽宏大量，不要在弟妹面前为了小事与人争执，更不能任性妄为、无理取闹；在做事方面，兄姐要有很强的责任感，认真对待每一件事，不要虎头蛇尾、马虎对待，以免在弟妹中造成不良的影响。取得成绩时，兄姐不要沾沾自喜、得意忘形，更不要在弟妹面前自我炫耀；犯错误时，兄姐要主动承认错误并勇于改正，不要觉得有损颜面而死命抵赖、不予悔改。总之，在德智体美劳等各方面，兄姐都应起好带头表率作用，成为弟妹的榜样。

兄姐对弟妹要谦让和关爱，与弟妹建立亲密无间的关系。兄姐不要欺负弟妹，不要倚仗自己年龄稍长就随意支使弟妹，指挥他们干活或替自己跑腿。与弟妹起冲突、有矛盾时，兄姐要宽宏大量，不要和弟妹斤斤计较。如果有实在无法协调的矛盾，可通过长辈解决，不要私下争吵或打架。弟妹做错了事，应耐心地同他们讲道理，帮助他们弥补过失、改正错误，不要一味地训斥他们，更不能跑到长辈那里告状，要长辈惩罚他们。幼小的弟妹受人欺负时，兄姐应挺身而出保护他们，但保护也要把握好度，不能所有的问题都一力承担，造成弟妹过度依赖，而要教会他们自我应对、自我解决的方法。弟妹有问题、有困难时，兄姐要耐心地帮助和解答，不要不耐烦或不屑一顾。兄妹平时应多同弟妹谈心，了解弟妹的想法和心情，更好地关注他们的成长。

2. 弟妹对待兄姐的礼仪

弟妹要尊重兄姐，不要当着兄姐朋友的面说他们的不是或将他们的隐私

透露给他人。不要嫉妒兄姐，也不要随便评论兄姐做的事。觉得兄姐做事不妥时，应同他们商量，帮助他们更好地解决。兄姐的个人物品，弟妹不要随便乱用，如要借用应先征得兄姐同意，不要借了不还。不要翻看兄姐的信件、日记等私人物品，不要私自接听兄姐的电话。

弟妹不能仗着自己年纪小，不把兄姐放在眼里，要求他们处处让着自己。父母或其他长辈指派任务时，不能以年龄小为借口将所有的事都推给兄姐，或在完成任务时偷工减料，让兄姐收拾残局。与兄姐有矛盾时，首先应与兄姐一起沟通解决，实在不行时再找父母协调，不能一有问题就找父母寻求帮忙，更不能仗着自己得宠向父母告状、搬弄是非。

弟妹不能把兄姐的关心爱护当作理所当然，应回报同样的爱给兄姐。兄姐身体不适时，弟妹应主动承担起他们的家务活，并悉心照料他们。兄姐有困难或心情不佳时，弟妹应给予安慰和帮助，帮他们排忧解难。兄姐之间或兄姐与父母、其他长辈有矛盾时，弟妹应帮助调解，不要袖手旁观、无动于衷，更不能幸灾乐祸。总之，弟妹要与兄姐真诚相待，在收获爱和关心的同时付出爱和关心，使兄弟姐妹间的关系更加亲密和谐。

三、邻里礼仪

中国有句俗话“远亲不如近邻。”通过邻里间互相帮助，生活中遇到的一些大事小事大多能迎刃而解。

1. 礼貌友好

对邻居要以礼相待，不要视若陌生人，见面后要主动打招呼。邻里之间往往拥有公共区域，因此要自觉爱护公共卫生。自觉参与社区公共活动。为维护良好的生活环境尽一份力。

2. 注意细节

要考虑自己的兴趣爱好、生活习惯是否会给别人带来困扰，还要注意家人或宠物是否给邻居带来干扰和不便。

应邀去串门要选择好适当的时间，要尽量避开邻居吃饭和休息的时间。进门前，有门铃的要按门铃，没有门铃的要轻轻敲门，不可冒失闯入。做客期间，如果主人有看表、打呵欠等动作，或者快到了吃饭时间和休息时间，就要主动起身告辞。

3. 宽容礼让

要学会礼让与宽容，动辄与邻居恶言相向，或者指桑骂槐都是没教养的表现。平时对邻居不要苛求，谈得来的就多交往，谈不来的维持一种有距离的友好态度即可。对邻居不合理的要求和做法，可本着讲道理、有节制的原则妥善处理。

4. 互帮互助

要相互帮助和讲信用，邻里有了困难，应该积极主动地去帮一把，能办到的事情要尽量帮忙，千万不可幸灾乐祸，在一旁看笑话。邻里之间还要讲信用，做不到的事情千万不要夸海口，以免耽误了别人的事情。

阅读材料

邻里情缘三十载　两家变成一家亲

61 岁的张小妹是广西柳州市鱼峰区大桥社区红园新村居民。三十多年来，张小妹一家义务照顾双目失明的邻居覃义，每日为老人端茶送水、洗脸擦身，与老人建立起不是亲人胜似亲人的浓浓亲情。79 岁的覃义，与张小妹同是柳州市大桥园艺场（后划归为柳州市农工商有限责任公司）职工，又是邻居。老人三十多年前因患眼疾导致双目失明，独居生活困难重重。与家人商量后，张小妹和丈夫覃海鹏便把老人接到了自家，悉心照顾老人的日常起居。张小妹的两个儿子也深受父母的影响，从小与老人感情深厚。2013 年，为了更方便照顾覃义，通过办理相关手续，张小妹一家人把覃义的户口落到自家名下，两家人正式成了一家人。因为多年来不图回报的善举，张小妹于 2017 年入选“中国好人榜”，她的家庭被评选为 2018 年度全国“最美家庭”。张小妹说：“三十多年来，身边很多亲朋好友从不理解到理解，如今很多人还竖起大拇指夸赞我们。我们只希望他健康长寿。他永远是我们家的一分子。”

（摘自新华网，此处有删改）

第四节　公共场所礼仪

公共场所礼仪对人们的行为要求，不因个人的身份、地位、职业、辈分的不同而变化。在公共场所，人们都应同等地遵守公共礼仪。这是社会公德的要求，也是对人们自觉性的考验。一个具有素养的人即使在无人观看、无人监督的公共场合也应以公共礼仪为标准，规范自己的言行举止。

一、交通场所礼仪

人们无论是上班、上学，还是购物、游玩，只要一踏出住宿之所，首先参与的就是交通活动。交通礼仪要求人们以社会公德、文明礼貌来规范自己的交通出行。

1. 行路

行路是人活动的基本方式。人无论去往何处，无论采用何种交通工具，都少不了行路这一活动。行路礼仪是交通礼仪最基本的内容，它要求人们在行路时文明礼貌、专心致志。

（1）安全原则

道路上机动车、非机动车、行人很多，为了安全，步行时必须严格遵守交通规则。在较宽的路上，步行要走人行道，过马路要走斑马线，不在红灯时抢过马路；在较窄的路上，步行要靠右边，过马路时要注意左右看看，不在快速行驶的车前过马路。身后有车时要及时让道，以免车过时擦伤身体。

行路要专心致志，目光直视前方，并注意路面的高低以及路上突出的建筑物。走路的时候不做其他事情，比如看书、吃东西、玩手机等，一心二用或多用，常会令人看不清前方的路面以及车辆、行人，容易发生事故。

（2）文明礼貌原则

①行路时不应边走边吃，边走边吃不但不雅观、不卫生，也不利于健康。

②行路时不在道路上随地吐痰或乱丢垃圾杂物。不边走边攀折树木、采折花草，不踢路边的雕塑、电线杆、灯柱等，不边走边在路边墙上信手涂鸦、划痕，不践踏草坪或路边的园圃。

③如果提着东西前行，应留意不让自己的东西阻挡他人前行或打伤碰伤行人。如果提着东西与一群人并行，最好走在人群的最右边，以免东西总是和人碰撞。若身后有人要超越前行或迎面有人过来，应侧身相让，并尽量把

东西置于身前。

④行路时遇上熟人，应礼貌问候，或以招手、微笑的方式打招呼，不要视若不见或低头避开，也不应高声呼叫或隔着老远高声交谈，以免影响路人。如有事需同熟人交谈，则应选择不影响他人行走的边角处，不应站在人来人往的街道上或路边住宅楼的门窗前。交谈的时间不宜过长，如有需要可边走边谈。

⑤行路时若遇上老、弱、病、残、孕及负重者，应主动给他们让路。若他们需要帮助，则应主动上前询问并提供帮助，不要冷眼旁观或呵斥、讥讽。有盲道设施的地方，要注意让出盲道。若有人前来问路，应尽力帮助，指示方向或路线。不要因自己很忙而置之不理或断然拒绝，更不应趁机索要问路费。如果不知道或不能确定他人所找之地，应及时加以说明，不能信口开河，乱指一通。

⑥所走的路段较为狭窄时，应让有事的人先行。在拥挤路段行走时，应保持一定的步幅和速度，尽量不挡住身后人的去路。若不小心与他人相碰或踩到他人时，应立即说“对不起”，不要若无其事地继续前行，更不能借题发挥、惹是生非。行走在人较多或较窄的街道上，夫妻、情侣或亲友等不宜拉手、挽手而行。

⑦与熟人并行时，男士或年轻人应走在外侧，而将内侧的安全位置让给女士或长者。如果两位男士与一位女士并行，应让女士走在两位男士之间。主人送客人出去时，应让客人走在内侧。

⑧行路时，夫妻、情侣或亲友不宜勾肩搭背或打闹，更不应在路上做出过于亲密的举动。

2. 骑自行车、电动自行车

自行车、电动自行车具有环保、便捷等优点，且对骑行者的技术要求不高，因此受到人们的欢迎。随着电动自行车保有量的增加，其带来的交通和消防安全事故的数量也逐渐增加。因此，自行车、电动自行车骑车礼仪不可小视。

（1）遵守交通规则

自行车、电动自行车应在非机动车道上行驶，不要进入机动车道。骑车时应靠右行驶，一般不逆向而行。骑车速度不宜过快，应与前方的车辆或行人保持一定的距离。不要强行超车或突然转弯、停车，如要转弯或停车，应提前按铃或打开指示灯，以方便行人或其他车辆让道。骑车时要双手扶住车把，不要撑伞或提重物，更不要双手脱把。和他人并行骑车时，不要与人拉手勾肩，也不要互相追逐嬉戏。过马路时，应注意灯信号，不闯红灯，更不与汽车抢速度、争先后。骑车时携带的物品不宜过重，也不要过长过高。

（2）文明行车

骑车时，尤其是在人较多、较为拥挤的街道上骑车时，应放慢速度。不要为了赶时间而横冲直撞，更不要为了显示自己车技而左右乱窜。经过路口时，应主动减慢车速，让行人先过，特别是对行动缓慢的老、弱、病、残、孕及负重者，更应给予优先照顾，不要按铃催促，更不要高声呵斥责备。在路上看到儿童时也应减慢速度，以防发生事故。骑车时如果不小心撞了人，则应下车主动道歉，态度要诚恳。如果因骑车速度过快而撞伤了人，则应即时将伤者送到医院进行治疗并报警，不能反过来指责对方挡路，更不能弃伤者于不顾，逃离现场。

骑车时不要无所顾忌地张口吐痰，也不要边骑边丢弃垃圾。出入学校、小区大门时，一定要减速或下车推行，不能旁若无人地直穿而入。通过有人出入的门时，要让行人先行。

3. 乘坐公交车、地铁

公交车、地铁是城市居民最为常用的交通工具。在通常情况下，人们上下班、上下学或出游出行，常会选择票价便宜的公共交通工具。我们在享受公交车和地铁带来的便利时，也要遵守社会公德及相应的礼仪。

（1）自觉有序排队

在公交车站候车或在地铁站购票，都应自觉有序排队。应按照先来后到的顺序排列成行，耐心等候。人多时，不要起哄，也不要相互推挤，更不能为抢先上车而拥入车道，妨碍交通。车辆进站停稳后，候车人群应等车内乘客下车后再依次上车。若排在前面的人是老人、孕妇、残障人士、儿童等时，不要大声催促或向前推挤，以免他们跌倒摔伤。

（2）主动购票

无论是乘坐公交车还是地铁，乘客都应主动购票。乘公交车的应在上车后主动购票、刷卡或出示月票；坐地铁的应在地铁入口处购票。不能因乘客人数较多而浑水摸鱼，逃票漏票。

（3）文明乘车

①乘车时不应无故抢占座位，更不能将随身携带的物品放到座位上替别

人占座。孕妇、老人、残障人士以及抱小孩的妇女上车时，有座位的年轻乘客应主动让座，不要闭眼装睡，或低头装作看不见，站着的乘客也应把有扶手的或空间大的地方让出来，不应熟视无睹。当他人为自己让座时，应立即道谢。

②车上人多时难免拥挤碰撞，乘客之间应互相体谅。不应对无意的碰撞、踩脚等情况斤斤计较，若踩到、碰到别人，要多使用“对不起”“不好意思”等礼貌用语。携带雨伞的乘客应把雨伞放到事先准备的塑料袋里，不能将伞尖指向其他乘客，以免误伤其他乘客。坐着的乘客不要将腿伸到通道上或跷二郎腿，否则容易绊倒他人或弄脏他人衣物。乘车时不应将身体的任何部位伸到车窗外面。

③不在乘坐公交车和地铁时进食。不在车厢里乱扔果皮纸屑，在公交车上更不能从窗口向外丢弃废物或吐痰。若携带有异味的东西上车，则应事先包装好。

④与家人朋友一起乘车不应高声谈笑，如要交谈需压低声音。夫妻或情侣不要在车上过度亲热。若在车上，尤其是乘客较多的车上遇到熟人，应点头微笑致意或轻声打个招呼，不要隔着人群说话，也不要挤过去交谈，以免给其他乘客带来不便。

⑤夏天不能赤膊乘车。在车厢内不要随意脱鞋、换衣服。想打喷嚏或要咳嗽时，应用手或纸巾掩口，不能直接对着他人。若晕车想呕吐而又无法立刻下车时，应避开其他乘客吐到塑料袋里；如果实在找不到塑料袋，应向乘务人员或周围乘客求助。

⑥文明乘车还要求乘客尊重驾驶员和售票员。乘客要主动配合驾驶员和售票员维护车内外的秩序。如向售票员问路或问站，用语要文明，语气要温和。若驾驶员或售票员服务不周或态度恶劣，也不应在车上与其争吵。因个人原因坐过站时，不应强迫驾驶员停车，或抢夺方向盘，以免造成行车危险。

4. 乘坐轿车

生活水平的提高以及社会节奏的加快，使得人们坐轿车出行的机会越来越多。乘坐轿车的礼仪也因此成了交通礼仪的一大内容，日益受到人们的关注。我们有必要了解轿车的相关知识和乘坐轿车的相关礼仪。

（1）轿车座位的尊卑

在比较正式的情况下，乘坐轿车时要分清座位的尊卑。若是非正式场合，则不必过分拘礼。

轿车上座位的尊卑，在礼仪上来讲，主要取决于下述三个因素。

①轿车的驾驶者。

驾驶轿车的司机，一般可分为两种人：一是主人，即轿车的拥有者；二是专职司机。国内目前常见的轿车为双排座与三排座，不同车型座位尊卑存在差异，根据驾驶者的不同分述如下。

由主人亲自驾驶轿车时，一般前排为上座，后排为下座，以右为尊，以左为卑。在双排五人座轿车上，座位由尊而卑的次序是：副驾驶座、后排右座、后排左座、后排中座。在双排六人座轿车上，座位由尊而卑的次序是：前排右座、前排中座、后排右座、后排左座、后排中座。在三排七人座（中排为折叠座）轿车上，座位由尊而卑的次序是：副驾驶座、后排右座、后排左座、后排中座、中排右座、中排左座。在三排九人座轿车上，座位由尊而卑的次序是：前排右座、前排中座、中排右座、中排中座、中排左座、后排右座、后排中座、后排左座。

乘坐主人驾驶的轿车时，最重要的是不能令前排座位空着。如：由先生驾驶自己的轿车时，一般由其夫人坐在副驾驶座上；由主人驾车送其友人夫妇回家时，一般由友人之中的男士坐在副驾驶座上，与主人相伴。

由专职司机驾驶轿车时，通常仍讲究右尊左卑，但座位变化为后排为上座，前排为下座。在双排五人座轿车上，座位由尊而卑依次为：后排右座、后排左座、后座中座、副驾驶座。在双排六人座轿车上，座位由尊而卑依次为：后排右座、后排左座、后排中座、前排右座、前排中座。在三排七人座轿车上，座位由尊而卑依次为：后排右座、后排左座、后排中座、中排右座、中排左座、副驾驶座。在三排九人座轿车上，座位由尊而卑依次为：中排右座、中排中座、中排左座、后排右座、后排中座、后排左座、前排右座、前排中座。

②座位的安全系数。

从某种意义上讲，乘坐轿车理当优先考虑安全问题。客观上讲，轿车的后排座比前排座要安全。相对安全的座位是后排左座（驾驶座之后），或后排中座。相对不安全的座位是前排右座。

当主人亲自开车时，为了表示对主人的尊重，也是为了显示与主人同舟共济，所以以副驾驶座为上座。由专人驾车时，副驾驶座则不是上座而叫随员座，通常让随员、译员、警卫等入座。因此，一般不应让女士坐于专职司

机驾驶的轿车的前排座，儿童与尊长也不宜在此座就座。

③轿车上嘉宾的本人意愿。

在正式场合乘坐轿车时，通常应请尊长、女士、来宾于相对安全的后排左座或后排中座就座，这是给予对方的一种礼遇。然而更为重要的是，嘉宾本人的意愿和选择。驾驶员必须尊重嘉宾本人对轿车座位的选择，嘉宾坐的位置即为上座。即便嘉宾不明白座位的尊卑顺序，坐错了地方，也不要轻易对其指出或纠正。

（2）上下轿车的礼仪

①上下车的顺序。

在正式的情况下与他人一起乘坐轿车，应讲究上下车的先后顺序。一般情况下，男士或晚辈应让女士、长辈、上司或嘉宾最先上车，最后下车；上下车时应为他们开、关车门。具体而言，又分为多种情况。

主人亲自驾车时，如有可能，主人均应后上车，先下车，以便照顾客人上下车。

乘坐由专职司机驾驶的轿车时，坐于前排者，大都应后上车，先下车，以便照顾坐于后排者。与其他人同坐于后排时，应请尊长、女士、来宾从右侧车门先上车，自己再从车后绕到左侧车门上车。下车时，则应自己先从左侧下车，再从车后绕过来帮助对方下车。若车停于繁华街区，左侧车门不宜开启时，则应于右门上车，里座先上，外座后上；下车时，则应外座先下，里座后下，以方便易行为宜。

乘坐有折叠座位的轿车时，为了上下车方便，应由坐在折叠座位上的人最后上车，最先下车。

坐三排九座车时，一般应是低位者先上车，后下车。高位者后上车，先下车。

②女士上下车的礼仪。

女士上车时应将身子背向车厢入座，坐定后随即将双腿同时缩入车厢。如穿长裙，在关上门前应将裙子整理好。

准备下车时，女士应将身体尽量移近车门，车门打开后，如在左方，先将腿踏出车外，然后将身体重心移至左脚，再把整个身体移离车外，最后踏出另一只脚。若穿着低胸服装乘坐轿车，不妨加披一条围巾，以免弯腰下车时出现走光的尴尬局面；也可利用钱包或手袋轻按胸前，并保持身体稍直。穿短裙或开衩较高的旗袍时，应在下车时将两脚同时踏出车外，再将身体移出。

（3）轿车内的礼仪

与其他人一同乘坐轿车时，轿车就成了一个移动的公共场所，个人要对自己的行为举止多加约束。具体来说，应当注意以下问题。

①不要争抢座位。

上下轿车时，要井然有序，相互礼让。不要推搡、拉扯，尤其是不要争抢座位，更不要为自己的同行之人抢占座位。

②举止优雅大方。

坐在轿车上时应注意举止仪态，坐姿要端正，不要东倒西歪。不宜在车上吃东西，更不能将垃圾随手丢弃在车内。有弃物时应丢在车内的垃圾盒或随身携带的塑料袋里，不能往车外丢弃，更不能向车外吐痰或擤鼻涕。不要在车内脱鞋、脱袜、换衣服，也不能用脚蹬踩座位。不将头、手、脚伸出车窗之外。

③注意安全。

坐车时不要与驾车者长谈，以防其走神。尽量避免让驾车者接、打手机或看报纸书刊。为尊长、女士、来宾开门时，要将车门完全打开，等他们坐稳以后才可关门，以免夹伤人。照顾他人下车时，应一手拉开车门，一手挡住车门门框上端，以防他人下车时碰到门框。自己上下车、开关车门时，要先看后行，切勿疏忽大意，伤人伤己。

5. 乘坐火车

火车是人们长途旅行时常常选择乘坐的交通工具。在几小时甚至几十小时的旅途中，火车成了一个相对封闭的公共空间。因此，在火车上个人的行为已不仅关系到自己，还会对同车的其他乘客产生或大或小的影响。由此可见，学习有关乘坐火车的礼仪是非常必要的。

（1）上车

由于坐火车的人较多，上下火车的时间有限，乘客应提前到站，在候车室排队检票。尤其在途中的停靠站，火车停车时间一般较短，乘客更应提前候车，以免发生赶不上车的意外。在候车室或站台排队上车时，乘客之间应保持适当的距离，不要推搡。火车进站后，乘客应等火车停稳后有序上车，不要拥挤，更不要从车窗、车顶上车或在车厢下穿行、攀缘。上车时，若车厢离站台较高，年轻人或男士应帮年长者以及女士提大件行李。

上车后应立即对号入座（铺），不可占用别人的座位、铺位。携带的行李要妥善地安放在行李架或车座、卧铺底下，不可放在通道中或座位铺位之间，妨碍其他人行走、休息。易碎的行李要放在合适的地方，避免火车开动后出现砸碎摔坏的意外。有异味的东西应事先包好，放在座位底下等不易散味的地方，切不可放在其他乘客面前或通风处。贵重物品应随身携带，以免发生意外。上车前没有购买车票的乘客，应在上车后尽快补票。

（2）旅途

火车离站后，正式的旅途生活就开始了。在旅途中，个人应努力使自己的行为符合礼仪规范，不给他人制造不便。

①车厢里。

车厢是乘客休息及享受旅途的空间，因而要尽量避免大声喧哗。打扑克、玩游戏或外放音乐，应以不影响他人休息为前提。带小孩的乘客应照顾好自己的孩子，尽量避免出现孩子大哭大闹的情况；如果出现，应及时找出孩子哭闹的原因将孩子哄住，或将孩子带到两节车厢的连接处。

在车厢里休息时，一般不要当众宽衣解带。除了在卧铺车厢休息的乘客，其他人不应脱鞋脱袜，尤其是脚有异味者。卧铺车厢的乘客若要脱衣就寝，应背对他人。如看到他人宽衣，应及时避开目光或稍在走廊回避。乘客在座位上休息时不要东倒西歪，或把腿伸到对面的座位上、座位下及过道里，更不能放到桌上、窗上。

乘坐普通旅客列车，不能在车厢内吸烟。若实在有需要，应到吸烟区，也可等火车中途停靠时到站台上吸。动车、高铁上严禁吸烟，因为动车、高铁车厢密闭性良好，吸烟会触发烟雾报警器，造成列车减速、停运，严重影响行车安全和行车秩序。在车厢内尽量不吃气味重的食物。包装袋、水果皮等垃圾，应丢到车内的垃圾桶内，不要随地乱丢，更不能丢到车窗外。带小孩的乘客应管教孩子不在车厢内随地大小便，或乱抓乱拿别人的物品，也不要让小孩到处乱跑，以免擦伤跌伤。晕车的乘客应提前备好晕车药和呕吐袋，若忘了准备应及时向乘务员索要。想借阅其他乘客的报纸书刊时，应先征得他人同意，不要不问自取，也不要在别人看时悄悄凑过去一起看。阅读后的报纸书刊应整理好，不要随便乱扔。若是向他人借的，应及时归还。

在车厢内与人交谈要把握分寸，不宜过度热情，也不要打探他人的隐私。交谈的话题可选择一些轻松、愉快的，比如喜欢的书和电影或各地的小吃和风景等。当他人打算休息或兴致不高时，应适时打住，以不妨碍他人为宜。邀请他人品尝食物或饮料也应注意分寸，不应过分热情，以免让人为难。

②餐车。

到餐车用餐，如果人较多，应耐心等候。不要将手搭在正在用餐的乘客的桌上或椅背上，更不能大声催促、抱怨或讥讽。用餐完毕后应尽快将座位让给他人，不要借机休息、聊天，或做其他与用餐无关的事。

不在餐车内吸烟。若喝酒要适量，不要醉酒，以免给乘务员和其他乘客带来不便。若要将自己的食物带到餐车食用，则应尽量避免一些气味重的食物，比如蒜类制品或酸臭食物等，以免影响他人食欲。

不要浪费或糟蹋粮食，更不要为了显身份、充阔气而点根本吃不完的饭菜。火车上食物数量有限，点过多的饭菜可能会导致其他乘客用不上餐。吃饭时剩下的骨头、鱼刺等食物残渣，不要随地乱吐乱丢，应放在餐盘或餐桌的一角，以方便餐车工作人员清理。另外，餐车不是饭店，不能对饭菜的味道吹毛求疵，更不能因饭菜不合口味而与餐车工作人员发生口角。出门在外，应以和为贵。

③盥洗处及卫生间。

使用火车上的卫生间，要注意锁门，使用完后要记得冲水，不给其他乘客造成不便。如果等候使用的人较多，则应按先来后到的顺序排队，不要插队。如果实在急用，应向前面的人做出解释，征得他们的同意。使用完卫生间后要及时出来，不要在卫生间内打电话，让等候的人着急。

使用盥洗处时要注意节约用水，不在照镜子、梳头发或刷牙等不需要用水的时候开着水龙头。火车上的水资源十分有限，尤其是一些长途列车，如不节约用水就会造成缺水，给自己和他人带来不便。漱口时要压低身子，洗脸洗手时动作幅度不要过大，避免牙膏沫子、水花溅到其他乘客身上或弄脏台面。洗漱完毕后，应稍微清理一下台面，将手纸、用完的牙膏壳等丢进垃圾桶。不要把残羹冷炙倒在面盆里，也不要往面盆里吐痰、擤鼻涕或呕吐，要顾及其他使用者的感受。

（3）下车

火车到站前半小时，要下车的乘客就应开始做下车准备。行李要提前收拾，不要遗漏物品。下车前应向周围的乘客道别，尤其是交谈过的乘客，最好不要一声不吭地离去，给人不礼貌的感觉。下车的人如果较多，应排队等候，

不要用力往前拥挤，也不要踩着别人的行李过去，更不可直接从车窗跳下去。年轻人或男士可以先下车，然后再帮助年长者或女士下车。

半夜下车的乘客应在大家休息前收拾好行李，以免下车前翻找东西惊扰他人睡眠。半夜停车的时间一般较短，下车的乘客应在火车到站前提前等候在车门处，以免到站后手忙脚乱。穿过走廊时应轻手轻脚、小心翼翼，以免惊醒正在休息的乘客或碰伤他人。

思考

高铁上某男乘客霸占了靠窗的座位，而不肯坐自己的座位。当被霸占座位的女士劝他时，该男乘客回应说："谁规定一定要按号入座？要么你自己站着，要么去坐我那个座位，要么自己去餐车坐。"女乘客见状只好向乘务员寻求帮助，乘务员与该男子进行沟通时，其仍不配合。此段视频一经网上发布，该男子无视社会公共秩序与缺乏道德素质的表现受到了诸多声讨。该男子耐不住社会舆论压力，录制视频向社会公众道歉，相关部门也对该男子进行了处罚。

男乘客的行为是否违法？如果你的座位被占，你会怎么做？

6. 乘坐飞机

与其他交通工具相比，飞机较为舒适、快捷，人们在享受飞机带来的便利的同时，也应学习相关的乘机礼仪，成为具有高素质、高涵养的文明乘客。

（1）登机注意事项

①乘坐飞机要求提前到达机场，办理登机手续及托运手续。如果乘坐的是国际航班，则最好提前两小时到达机场。

②携带的行李物品，不得违反相关安全规定。不得携带的管制、违禁品有汽油、打火机等，大批量的喷雾式发胶也在违禁品之列。

③办完登机手续及托运手续后，要接受安全检查。安检人员的要求和指示，应无条件配合，不可态度粗暴、出口伤人。

④在候机室等候时，应保持环境的安静整洁。候机的人较少时，应注意听登机提示或注视登机口，以免错过登机时间，给工作人员和其他乘客带来不便。带孩子的乘客应管好孩子，不让孩子到处乱跑，以防登机时找不到人。

⑤上飞机时，会有乘务员在机舱门口迎接乘客，可以向他们问好或点头

微笑致意。

（2）乘坐飞机的礼仪

①上飞机后，要对号入座。飞机上的座位一般分为两个主要等级，即头等舱和经济舱，购买经济舱的乘客不要因头等舱座位没人就坐在头等舱的空位上。找到座位后应将随身携带的行李放在座位上方的行李箱内，较贵重的物品应随身携带。女士或年长者放置行李若有困难，可请乘务员或同机的男士帮忙。不要让行李在过道上停留太久，以免妨碍他人入座。

②飞机起飞前，应在乘务员的提示下系好安全带。乘务员示范如何使用降落伞和氧气面罩等紧急安全设备时，应认真听并仔细看。起飞前还应关闭手机、收音机等，以免影响飞行。待飞机进入平飞状态，听到广播提示后才可松开安全带。

③飞机起飞后，可看书看报或与邻座乘客交谈。交谈时要控制音量，并要注意话题的选择和用语的文明，尤其不要谈论令人不安的劫机、撞机、坠机等话题。飞机上的座椅是可以前后调整的，但不宜将座椅靠背调得过于靠后。尤其是在经济舱，座位之间的间隔较小，调得过于靠后会影响后座乘客休息。也不要将腿伸到前面座位下，或跷起二郎腿摇摆晃动，这会给他人带来不便。

④在飞行中，乘务员会送饮料、食物给乘客品尝。若不需要，乘客应向乘务员说明，以免造成浪费；如果需要，则应在乘务员询问后礼貌回答，并主动道谢。没有吃完的食物，可以带走，但是某些公用物品，如飞机上提供的精美刀叉等，不应偷拿。有事可摁呼叫按钮找乘务员帮忙，如无特殊情况不宜乱按，以免影响乘务员工作。男性乘客应自尊自重，不对女性乘务员动手动脚，嬉笑逗乐。

⑤在飞机上进餐要文雅，不要狼吞虎咽，也不要含着食物说话。垃圾应放在前座椅背网兜里的垃圾专用袋里，不要随处乱丢。如果晕机想呕吐，也应吐在呕吐专用袋里。使用机内盥洗室和卫生间的礼仪规则与其他交通工具上的相同，但要注意不偷拿卫生间内的卫生纸。

⑥与其他乘客要友善相处。若察觉身边的乘客身体不适，应热情相助，或叫乘务员前来帮助。他人正在休息或想休息时，不应打扰他人。如果出现他人不守乘机礼仪、影响自己休息的情况，可找乘务员进行协调处理，或自己温言提醒，不要怒气冲冲、恶语相向。

（3）下飞机的注意事项

①飞机即将到达目的地时，应按乘务员的提示重新系好安全带。飞机未停稳前，乘客不可起立走动，也不可拿取行李，以免行李摔落伤人，影响机上秩序。飞机停稳，听到广播指示后，才可以解开安全带，随后带好自己携带的行李按顺序下飞机，不要争先恐后。对站在机舱门口送客的乘务员，应微笑道谢。

②下飞机后，取行李时要仔细对照，不要拿错。如果找不到，可请机场行李管理人员查寻，并填写申报单交给航空公司，不能大声呵斥工作人员。若出现行李确实丢失的情况，航空公司会照章赔偿。

二、购物场所礼仪

在日常生活中，商场和超市是人们购物的常去之处。商场和超市内丰富的货品，满足了人们从吃到穿、从用到娱乐的各项需要。人们在商场超市内享受购物的愉快时，还应注意购物的礼仪，使自己成为文明顾客。

1. 文明购物

①在商场购物，应事先稍做考虑，待看准颜色、质量、样式、价格等后，再请售货员拿来。挑选商品不宜过分挑剔、吹毛求疵，挑选的时间过久会妨碍售货员及其他顾客购物。在挑选易损和易污的商品时，必须小心谨慎，轻拿轻放，以免造成损坏、污染。

在超市购物时要慎重选取，挑选后又决定不要的商品，应及时放回所属货架上，不应随便乱丢乱放。尤其是速冻海鲜、冰棒雪糕等冷冻商品，更不可随便放在其他货架上，以免变质、融化。挑选水果蔬菜以及超市自制的简装豆浆、凉菜等时，不要随手乱翻、乱捏、乱挤，以防出现捏坏、挤破的情况。

②女士在商场、超市试穿衣服时，应尽量避免将化妆品蹭到衣服上。如果衣服比较紧，开口比较小，建议女士在试穿前擦掉口红、眼影等彩妆，以免弄脏新衣。在试鞋的时候，最好不要光脚，尤其是有脚气的顾客。建议打算买鞋的顾客事先穿好容易试鞋的袜子，或另备一双袜子。

在购物过程中若有出汗或弄脏双手等情况，应用面巾纸或手绢进行擦拭，不能借挑衣、试衣的机会，将汗水、脏物擦抹在衣服上。

③当出现两个以上的顾客同时看中一件物品的情况时，应根据先来后到的顺序决定是自己买还是他人买，不可抢买，更不要无理取闹。如果两人的

先后无法分清，则应互相礼让。如实在需要或特别喜欢，应向对方做出诚恳说明，切不可互不相让、破口相骂或争抢物品。

④对售货员要使用文明用语，不可颐指气使、高声呼叫。让售货员拿物品时应说“请”。若售货员正忙于接待其他顾客，则应耐心等待，不要大声呼喊或用手敲击货架、柜台等。对挑选的商品不满意时可请售货员将商品收回，并应说“谢谢”“麻烦”等礼貌用语，不可随便一丢、扬长而去。买下商品离开时，也应向售货员道谢。

⑤碰到态度不好的售货员时，不应对其以牙还牙、恶语相向，应冷静地指出错误，要求售货员改正。按商场、超市规定办理换货、退货手续时，若售货员或工作人员不予接受，可耐心地向他们说明情况、讲清道理。如果实在不行，可向上级负责人反映情况，寻求解决办法。

2. 诚实购物

①在购物过程中，若不慎损坏商场或超市的物品，应如实向工作人员进行说明，并照价赔偿。不应无理推卸责任、大吵大闹，更不应若无其事地溜之大吉。在超市购物，结账前一般不允许拆开包装。若实在饥渴难耐打开了包装，在结账时应做出说明并如实付款，不可吃完喝完一丢了事。

②在商场、超市内购物，不得趁工作人员不备时顺手牵羊，将小件的物品藏在衣兜、背包内。捡到其他顾客遗失的钱包、手袋时，应立即交给商场工作人员，以方便失主及时认领。

③等待结账时，可以提前准备好现金、银行卡或手机支付页面等，以便支付时快速向收银员提供，减少后面排队顾客的等待时间。结账后，若发现收银员零钱找多了，应及时将多出来的钱还回收银台。

3. 文明使用公共设施

（1）试衣间

试衣间是商场专门为顾客而设的试穿衣服的地方，现在在规模较大的超市内也设有试衣间。顾客在试衣间试衣要尽量节省时间，尤其是等候试衣的顾客较多时，不要在里面磨蹭。在试衣间外等候的顾客，则要耐心等待，不要敲门催促或者大声叫喊。

试衣间内一般备有椅子和挂钩，换衣服时应把要试穿的衣服挂在衣钩或椅子上，不要随便乱扔，以免弄脏衣服，导致其他顾客无法试穿。换好衣服出来照镜子时，最好将自己的衣物带出试衣间，这既是出于安全的考虑，又

能方便他人进去试衣。若其他顾客将自己的衣服或随身携带的包袋放在试衣间内，在其之后进去试衣时不要随便翻动，更不可偷取他人衣物。若在试衣间内发现他人遗漏的物品，应及时将其交还物主或交给工作人员处理。

（2）洗手间

在商场、超市使用洗手间的礼仪，与在火车、飞机上使用洗手间的礼仪是基本相同的。虽然商场、超市的洗手间较大，但从礼貌上讲，顾客排队仍应排在洗手间的门口或洗手间的最靠外处。使用时要小心，尤其是使用坐便器不能用脚踩，使用完后要记得冲水。要注意，应该用手按的冲水开关不要用脚去踩，以免弄脏，影响他人使用。使用后的卫生纸等应丢在垃圾桶内，不要直接丢在便池内，以免造成堵塞。

带小孩上洗手间也要注意相关事项。低龄儿童可以跟随亲属使用洗手间，但根据约定俗成，一般女性亲属可以带小男孩一起上女厕所，男性亲属不带小女孩上男厕所。带小孩上洗手间也要管好孩子，不要让孩子东跑西窜或东张西望。

（3）电梯

在大型商场或超市内，一般都设有电梯。电梯可分为两种，一种是滚梯，另一种是直梯。在商场内，滚梯是提供给购物不是很多的顾客使用的，乘坐时应站稳扶好，不要在滚梯上推搡打闹。带老人、孩子前来购物的顾客，坐滚梯时应注意照顾老人、孩子。上下滚梯时应提醒老人、孩子，以防他们踏空跌倒。乘滚梯时不要让老人、孩子将头或手伸到扶手外，以防夹伤。同时，也不要让孩子在滚梯上上下乱窜，这既不安全也会给其他顾客带来不便。商场内的直梯一般是提供给购买大件商品或去往停车场的顾客使用的。在乘坐直梯时，应注意出入的先后顺序，不要拥挤。在直梯内，不要打闹嬉戏，也不要吸烟，与熟人交谈时声音不宜过大。

在超市内，顾客所用的电梯一般为滚梯。推着购物车的顾客上下滚梯时要注意前面及旁边的顾客，不要用力过度将购物车撞到他人身上，也不要将购物车推得过于靠边。在有些超市的滚梯旁，还设有放置小件东西的购物架，方便顾客在乘电梯的同时进行挑选。拿此类货品时下手要快，以免弄倒其他物品。如果取用时不小心将货物丢到了滚梯上，则应立即捡起，以免给工作人员及其他顾客带来不便。超市内的直梯一般是供工作人员运送货物使用的，不要随便乘坐。

（4）休息区

大型商场内专设的免费休息区，是为方便顾客休息而设置的。顾客在走累或感到不适时，可以到休息区稍事休息。顾客在休息时要注意社会公德，不要一个人占好几个位子，也不要脱鞋脱袜或把腿架到其他椅子上。购得的商品应放在脚边或抱在怀里，不要随便丢在旁边座位上，以免影响其他顾客入座。

要维护休息椅的洁净，不在上面随意踩踏或涂画。吃东西或喝饮料的顾客，应尽量避免掉落食物、打翻饮料的情况，如不小心弄脏椅子，应及时清理干净。如果前来休息的人过多，早到的顾客应将座位让给他人使用，尤其是看到老人或孕妇，更应主动让座。

三、文化交流场所礼仪

1. 影剧院

影剧院是重要的社交场所，在影院、剧院内看电影或欣赏话剧、歌剧的观众，应遵守公共秩序，注意自己的仪容仪表，使自己的言行举止符合礼仪规范。

（1）仪表要求

去影剧院欣赏电影、观看演出，应注意着装，绝不允许穿背心、短裤、拖鞋入场，也不要穿邋里邋遢的破衣破裤。注意仪容，不可蓬头垢面，以免影响其他观众的心情。

到剧院听歌剧或听交响音乐会，应穿得较为正式，以示对艺术家、音乐家的重视。不要穿过分妖艳、过分前卫的衣服，牛仔服、运动服等过于休闲的服装也尽量不要穿。

（2）入场礼仪

应提前5分钟到达影剧院，在入口处接受检票，然后进场入座。在电影或演出开始前，应摘下帽子。影剧院内一般设有空调，建议观众脱去过于肥大的外衣，以免在正式开演时挡住后面观众的视线。等候电影开场或演出开始时，不要喧哗，应调整情绪静等开演。

若迟到，应严格遵守会场要求，不可随便进场。看演出应在中场休息时入场，听音乐会则应等一首乐曲演奏完毕后入场。迟到的观众入场时也应尽量压低身体，快速安静地进场入座。

（3）开演后的礼仪

①电影播放或演出进行的过程中，应尽量避免发出声音。不要与同伴窃窃私语，尽量不要为喜欢的镜头或演出大声叫好。观看过程中应关闭手机或将手机调成静音，不宜接打手机。不使用带闪光灯的相机进行拍摄，如会场内禁止摄影摄像，应遵守规定。在电影院内吃零食的观众，不应发出过大的声音，以免影响他人观看。咳嗽、清嗓子、擤鼻涕、抽鼻子的声量应该降低到最小。带小孩的观众应尽量避免孩子到处乱跑或大声啼哭。

②观看时不要手舞足蹈、摇头晃脑，以免挡住后座观众的视线。如果有急事需要暂时离开，不要直身站起，应压低身体弓着腰出去，并向让道的观众及后排观众道歉。在看演出时，应避免出现站着观看的情况。若前排观众站着，挡住了视线，应礼貌地要求其坐下，不可随之站起，妨碍后排观众观看。

③在观看演出时，要有礼貌地适时鼓掌。适时的鼓掌能够表达对演职人员的尊重和感谢。应在每个节目结束后或戏剧、歌剧的一幕结束后鼓掌，但要注意，在交响乐每一乐章之间不应鼓掌。鼓掌不宜过于频繁，以免影响演员演出的情绪以及观众视听的效果。当所有演出都结束后，应给予最为热烈的掌声。

（4）离场礼仪

电影或演出结束后，应井然有序地退场，不要推搡、争先恐后。观看演出时产生的垃圾，如使用过的手纸、吃剩的食物及包装袋，应带出场外，不可丢在影剧院内。带老人、小孩的观众应照顾好老人与小孩，不要将他们落在后面，也要防止他们因人多而跌倒摔伤。出口人较多时，应让老人、儿童和女士先出去。

2. 博物馆

博物馆是搜集、保管、研究、陈列、展览文物或标本的机构。根据陈列物品的不同，博物馆可分为革命、历史、文化、艺术、自然、科学技术等不同种类。去博物馆参观，不仅能增长知识，还能提高个人的文化修养，是一种非常有意义的活动。在博物馆里，人们也应遵守相应的礼仪。

（1）入馆礼仪

进入博物馆参观，应仪容整洁，穿戴得体。很多博物馆为了保护文物，馆内温度常年恒定。如果进入博物馆后觉得热，可脱下衣服，轻轻折叠后拿在手中或装入手提包中，不要随意敞开衣服，以免刮到展品。

博物馆为了保护展品不被刮坏擦伤，一般不允许将大型背包、雨伞带入馆内。若带有雨伞或大型背包，应在入馆前将上述物品寄存。若博物馆规定不允许拍照，应遵守规定，不应偷拍。

（2）馆内参观礼仪

①不得在博物馆内一边参观一边吃东西或喝饮料，以免弄脏场地或污染展品。如果要喝水或吃东西，应移步至走廊或休息室。参观时，一般也不应接打手机，如有需要也应移步至走廊或休息室。

②博物馆内一般都配有专门的讲解人员，讲解人员介绍和讲解展品时，应认真倾听。如有疑问需要讲解人员另行解释，则应在其讲解完后举手示意，不要随意打断、插话。向讲解员提问不应无休无止，应顾及其他参观者的感受。

③不要在博物馆内大声说话，也不要对展品，尤其是艺术品胡乱评价，以免影响他人参观。如果对某些展品特别喜欢，可以在不妨碍他人的前提下多欣赏一会儿。在馆内走动，一般不可从正在参观的人前穿行。如果不得不从他人面前穿过，一定要道歉。

④要爱护展品，避免用手直接触摸珍贵文物、艺术品，或打开闪光灯随意拍摄，以免损坏展品。另外，在单向参观的展厅要听从馆内工作人员的安排，按照指定的线路进行参观，不可随意进出。馆内标有“禁止入内”的地方，不得随意闯入。带小孩的参观者应管好孩子，切勿让孩子碰坏展品或闯入不该闯入的地方。

（3）出馆礼仪

参观完毕后，应轻声离开博物馆，不可边走边大声与人交谈感受。走路时不要发出很大的声音，以免影响还在参观的人。若进馆前有东西寄存在服务台，离开时要记得拿回，以免给自己和工作人员带来麻烦。

四、运动休闲场所礼仪

1. 球场

球场是观看球赛和进行球类运动的场所。球场根据球类的不同，可以分为足球场、排球场、篮球场、网球场、羽毛球场、曲棍球场、棒球场、高尔夫球场等众多类别。无论是看球还是进行球类活动，都要遵守相关的礼仪，以下就从这两方面出发进行介绍。

（1）观看球赛的礼仪

①进场。

观看球赛不必穿过于正式的服装，但仍应保持着装的整洁。应提前几分钟入场，并尽快坐到观众席上等待比赛开始。等候的过程中不要大声喧哗，看到啦啦队表演也不要高声喊叫，应自觉维持观众席的秩序。为了赛场安全，不得妨碍或拒绝配合赛场工作人员的安检工作。如果迟到，应尽量不影响他人观看，在他人身前经过时，应礼貌道歉。

②观赛。

观看比赛时，应对双方球员持公正平等的态度，不可因偏爱一方而侮辱另一方的球员，忽视另一方的优秀表现。尤其在观看国际比赛时，更要注意自己的言行举止，不要喝倒彩或出言侮辱别国球员，看到优秀的球技或超常的发挥时应予以掌声。要时刻维护中国的国际形象，展现中华民族的宽容大度。

对场上的球员要以礼相待。偶尔的失误要予以谅解，并适时地加以鼓励，不可借机往场上扔东西或出言不逊。即使球员真的表现失常，也不可毫无节制地发泄自己的不满，而有损球员的自尊心和自信心。同时，要相信裁判员专业的判断力，不要随意质疑其工作，更不要任意谩骂。如果裁判真的判断失误，也应予以谅解，不应聚众起哄或吹口哨。

要维护观众席的卫生，不随地吐痰，不乱扔果皮、果核、包装袋等垃圾。离开时，应将自己的垃圾带出场外。

与观众席上的其他观众应和睦相处，不能因支持的球队不同而互相谩骂讥讽，更不可因此打架或挑起其他观众的敌对情绪。

在观看过程中，若不慎将饮料洒在别人身上或弄脏别人衣服，应真诚道歉。带小孩的观众不应让孩子乱跑，以免发生意外以及影响他人观看。

③退场。

比赛结束时，应向双方球员报以掌声。如果自己支持的一方赢了，不宜手舞足蹈、大声呼喊，要顾及另一方及其他观众的感受。对失败方要予以谅解，不要恶语相向、出口伤人，也不要埋怨运动员或教练，更不能冷嘲热讽。退场时不要拥挤，应有序退场。出场后要自动疏散，不要聚在球场外围堵运动员或运动员的车辆，以免造成混乱。

（2）进行球类运动的礼仪

球类运动是人们工作学习之余常会进行的一种活动。在球类活动中人们不仅锻炼了身体，娱乐了身心，还可在轻松的方式下进行人际交往。因此，讲究相关礼仪对喜爱球类运动的人而言非常重要。

①着装。

球类活动可分正式比赛和普通运动两种。正式比赛应穿正式的球服球鞋；普通的球类运动，着装要求则不必过高，穿较为宽松、适合运动的衣鞋即可。运动时，不要将手机、钥匙、证件、现金等带上场，以免掉落遗失或伤及自身。

②运动时。

打球踢球要守时，不要让他人等候。最好能提前 5 分钟到场，做好准备运动。上场后要认真专心，全力以赴。不要东张西望，该跑动时不要慢慢地走。若觉得身体不适，可向其他球友说明，然后下场休息。不要在场上表现得漫不经心，影响他人情绪。打了差球、坏球应主动向其他人道歉。若球友表现出色，要给以肯定和赞扬。

不要因打球、踢球不顺而随便离场，要顾及他人的感受。如果刚打不久就有急事需要先行回去，最好找个人代替自己，并向其他球友道歉，态度要诚恳。打赢了球不要得意忘形、欣喜若狂；输了球不应胡乱找理由，比如身体不适、天气不好等。看他人打球、踢球时要保持安静，不要在一旁评头论足、指指点点。

若不小心将球打到、踢到他人身上，应立即道歉。若觉得自己用力比较大或被砸到的人情况比较严重，应立即跑过去询问情况，并采取相应的急救措施，伤势较严重者应立即送往医院。

③运动后。

运动结束后要与球友道别，并提醒他们带好随身物品。有车的人可以主动搭载顺路的球友离场，男士应遵从女士优先的原则让女士先乘坐，除非女士不愿意或另有安排。

2. 公园

公园是人们休闲、游玩的场所。新鲜的空气、优美的环境、妙趣横生的主题建筑、接近自然的人工景观，让公园成了人们放松心情、消除疲劳、举办活动的好去处。人们在享受公园带来欢乐的同时，也应注意相关的礼仪，使自己成为文明的游客。

（1）保持安静

不要在公园里大声喧哗、嬉笑打闹，以免影响他人游玩、休息。在公园

的僻静处学习的人，不要大声朗读或背诵，如要朗读或背诵，应尽量放低音量，以免妨碍他人。带小孩的游客也应尽量避免小孩大哭大闹，破坏公园安静的环境。

（2）注意安全

到公园游玩时，不要为了抄近路而翻越围墙、栏杆、篱笆等，以免失足跌落或划伤身体。不要爬树或攀爬禁止攀爬的假山。

在湖边、溪边游玩时，不要打闹，以防落水。划船时，要坐稳坐好，不要大幅度摇摆身体，更不要左右乱走乱跑，以免翻船。在湖边、溪边或船上时，不要过多地探出身体，以免失去平衡。带小孩的游客应管好孩子，不要因疏忽导致孩子落水。在经过小桥时，也不要连蹦带跳或追打嬉闹。不要涉足标有“禁止下水”的水域，以免发生危险。

爬山时要注意脚下，不要沿着山边行走，也不要踩在湿滑的石块、土块上，以免发生意外。通过较窄的山路时，不要争先恐后、你推我挤，要有序通过。不要走未经开辟的区域，以免迷路或从山上滑落。拍照、摄像时应留意脚下，不进入危险的地方，不采取危险的姿势拍照。

注意消防安全，不随意丢弃易燃物品，不在指定区域外野炊，严禁私自燃放烟花爆竹。

（3）保持整洁

不要在公园内乱丢果皮、纸屑、包装袋以及饮料瓶罐，更不能随地吐痰、擤鼻涕、丢烟头。带着小孩及宠物的游客不要让小孩、宠物随地大小便。在公园野餐的家庭、团体，离开时要记得收拾垃圾，保持公园的干净整洁。

（4）爱护花草公物

不要在公园里随意攀折树木、采摘花草果实。锻炼的人，不要摔打树木，也不要将自己吊挂在树上锻炼。经过草坪时，应从铺好的小路上走过，不要随意践踏草坪，或为了抄近路而在草坪中穿行。不要在草坪上踢球玩耍，也不要随意在草坪上坐躺休息。

不要在公园的桌椅、建筑物上刻字、涂画，有些公园的亭台楼阁属于文物古迹，在上面刻写、乱画是非常不文明的行为。也不要在一些古树、栏杆上涂鸦或粘贴广告，破坏公园的整体美观。

（5）游客间互相礼让

公园里游人较多时，游客间应友好相处、互相礼让。通过狭窄的山路或曲折的水桥时，应让老人和孩子先过。锻炼或玩耍的人，应选择较大的场地，不要挤在通道上，妨碍其他游客通行。若游玩时撞到他人，要立即道歉，不可若无其事地继续自己的活动。

在景点拍照留念时，应注意先后顺序，依次拍照。拍照时若发现有人走近而妨碍拍照时，应该礼貌地和他打招呼，或者等人过去后再拍。别人在拍照时，不应随便从别人镜头前穿过。如果必须穿过，应先示意。若几批游人在同一地方拍照，应互相谦让。

休息时也应注意先来后到，不要抢占他人的座位。人较多时，不要一人占好几个位子或干脆躺在椅子上。看到走累的老人、孕妇时，应主动让座。其他的公园设施，如提供给孩子玩耍的秋千、旋转木马、跷跷板等，成年人不要抢占，应留给孩子玩耍。

本章小结

通信礼仪主要包括使用电话、手机、传真和互联网进行沟通的基本礼仪。无论使用何种方式，都应做到用语文明礼貌，并遵守相关法律法规。

在校园里，我们应规范自己的行为，提高自身的综合素质。礼仪知识学习的目的在于指导实践，我们应参照礼仪标准审视自己的行为，达标则加勉，不达标则改之。

家庭是组成社会最基本的单位。亲人之间，相处不当也容易产生矛盾，影响家庭和睦。家庭礼仪能帮助我们形成良好的道德修养，对维护社会的安定和谐，具有重要的现实作用。

在社会生活中，人们免不了要乘坐交通工具，如公交车、地铁、火车、飞机等，也免不了会去各种公共场所，如商场、影剧院等。无论在哪种公共场所，每个社会成员都应遵守相应的礼仪，使自己的言行举止符合社会公德。了解并掌握这些礼仪，能使社会成员在公共场所中表现得当，进一步提升自身的良好形象。

活动与探索

1. 与同学讨论网络礼仪的现实意义。

2. 案例分析。

有一次，小周在自习室学习，坐在他后面的同学在吃零食，嘴里“吧唧吧唧”响个不停。旁边和前面的几个同学则人手一台笔记本电脑，其中两个在上网聊天，打字速度超快，声音也很大。有一个在玩电脑游戏，疯狂地点击鼠标。前面的一个同学则在看电视剧，声音也外放着。下午，有几个同学一起进来，边走边大声说话，关门时发出了很大声响。

案例中有哪些不合礼仪的行为？

3. 请搜集近年来“全国道德模范”称号获得者的先进事迹，在同学中宣讲。

4. 与父母因找工作的事情产生矛盾，应怎样化解？

练习与思考

1. 接、打电话的礼仪有哪些？

____

____

2. 课堂上对学生有哪些礼仪要求？

____

____

3. 同学之间应如何和睦相处？

4. 晚辈应如何与长辈相处？

5. 邻里相处的基本礼仪有哪些？

6. 概括在交通工具上使用盥洗处及洗手间的礼仪。

7. 简述登机前的注意事项。

8. 在影剧院观看电影、演出时有哪些礼仪？

第四章　职场礼仪

经典
名句

勿以恶小而为之，勿以善小而不为。

——《三国志·蜀书·先主传》

职场礼仪是指人们在职场中应当遵守的礼仪规范。对刚入社会的职场新人而言，了解和掌握求职、面试的相关礼仪，有助于他们更好地投身社会，更顺利地进行工作。对资历高、经验足的职场前辈而言，学习和了解新时代的职场礼仪，有助于他们更好地开展工作，更成功地处理职场人际关系。因而，职场礼仪是每一个即将工作及已经工作的社会成员必须掌握的知识，是社会得以正常运转并不断向前发展的必要的礼仪规范之一。

本章将先概述求职礼仪，分别介绍求职前的准备工作、面试中要注意的事项及面试后的礼仪，然后介绍一些常用的工作礼仪。

第一节　求职礼仪

求职是学生生涯中的重要一环，而对已经工作的人来说，重新求职、应聘也是常有的。求职的成功与否，与求职者自身的礼仪修养的好坏有着密切的关系。

一、求职前的准备工作

求职是每一名学生都要完成的成长课题，也是人生的转折点之一，应该慎重对待，不可草率、轻视和盲目。因此，在求职前认真做好准备工作是十分必要的。

1. 心理准备

求职前做适度的心理调适，有助于培养良好的心态，从而能以谨慎、乐观、认真的态度对待面试官，发挥出自己的水平，谋得合适的职位。

（1）认识自己，找准方向

求职是再次认识和剖析自己的过程，要实事求是地评价自己，知道自己的长处和短处，既不妄自尊大，也不盲目自卑。在面试时，应考虑怎样才能扬长避短，充分地表现自己的长处。

（2）适当降低期望值

有从最坏处着想，向最好处努力的思想准备。“就业定终生”等传统思想早已不再适用，当求职遇到困难时可以先就业再择业，降低期望值。当现实与期望不相符时，可以先选择一份工作干起来，积累工作经验，为后续的发展做准备。

（3）正确对待求职

要坚信“天生我材必有用”，要充分认识到应聘即使不成功，也是一次有益的尝试。只有大方、真诚、坦然地面对求职，才能在应聘中举止得体、思维敏捷、妙语连珠。

（4）消除紧张情绪

面试时产生紧张及焦虑的情绪，这是很正常的现象，要正确对待这种情绪。在通常情况下，应聘者与面试官是初次见面，彼此不熟悉。我们不要妄自菲薄，不能因为紧张而自乱阵脚。

小知识

消除紧张的小窍门

（1）放松身体

开怀大笑可以放松全身肌肉，可以使身体放松，紧张情绪也就得到了缓解。另外，用略高于体温的水洗澡能加快血液循环，放松紧张的肌肉，使人逐渐平静。

（2）做深呼吸

深呼吸可以排解焦虑和紧张情绪。很多时候，只要做一个深呼吸，便可让自己慢慢平静，所以在面试前不妨做深呼吸来缓和紧张情绪。

（3）保证充足睡眠

面试前，很多人会这样推理：太紧张—睡不好觉—明天精神肯定不好—面试要失败，以致最后搞得自己越来越紧张，只有在极度疲倦的时候才能入睡。很多人睡不好觉是因为太重视睡眠了。其实，以轻松的态度对待睡眠，就能和平时一样自然入睡。另外，在睡前喝杯热牛奶，或者在睡觉前放松身体都可以促进睡眠。

（4）均衡饮食

求职阶段应保持均衡的饮食，不要暴饮暴食，可适当多吃一些水果蔬菜。这样能让我们有一个良好的身体状态，来应对紧张的求职活动。

2. 简历制作

简历是求职者列举个人情况的资料，其目的是自我介绍、推荐。一份好的简历，往往能给用人单位留下深刻的印象，提高我们进入面试的概率。因此，掌握制作简历的要点对我们非常重要。

（1）简历的设计原则

①真实：简历提供的个人信息要真实、准确。阐述个人经验、能力时不夸大、不误导。

②简明：简历要简单明了，表达真诚，语句要精练，避免繁杂冗长。

③突出：简历中一定要突出个人的能力、经验以及过去的成就，并且用证据来证明。可在简历最后附上个人小结，写出与应聘职位相关的工作经历。

（2）简历的内容

简历没有固定的格式，其内容主要包括求职者的基本资料、学历、能力水平、社会实践或工作经验、性格爱好等，以使用人单位能大体了解求职者的各项情况。

一般的简历正文包括以下三部分。

①基本情况：姓名、年龄、专业、联系方式等。

②学历情况：学习历程、在校期间获奖情况、爱好和特长、参加过的社会实践活动、所任职务等。

③工作经历和求职意愿：曾经工作过的公司名称、曾任职位、个人工作成绩、培训情况、工作变动情况、职务升迁情况、岗位意愿等。

小知识

撰写简历的要点

写简历时，我们其实处在一个推销自己的商业环境，要时刻注意，应尽量使用适合这种环境的语言，尤其是在对我们曾经的业绩和成就进行说明的时候。那么，什么样的语言是商业语言呢？简单地说，就是用数据说话。简历中大而空、口号式的语言远不如具体的数字、事实来得实在。因此，要力求用具体的数字、事实来描述自己的能力与优势，这样才能明确传达商业价值，增强简历的说服力。

时代在改变，求职用语也在不断地推陈出新。像“我对这份工作很有信心”“我是抱着学习的目的而来的”“请给我一个学习的机会”等语言可能已不再适应当前这个时代。

求职简历中可以明确地让公司知道我们能为公司带来什么利益、贡献或成效，这能增加求职成功率，因为任何公司都不会想花钱请人来学习。

3. 求职信书写

求职信是求职者向有关单位自我推荐的一种书信，是求职常见的一种方式，能传递求职者的沟通能力、个人素质等重要信息。

（1）求职信的格式

求职信主要包含标题、称谓、正文、落款及附件五个部分。

①标题可写可不写，如要写则在第一行的中间写上“求职信”三个字，字号可适当加大。

②称谓应写在标题下另起一行的顶格处。一般是写用人单位领导人的名字及称呼，若不知道领导人具体的名字，可用“××公司负责人”等代称。另外，为表示尊重与礼貌，还可在称呼前加上“尊敬的”等修饰词。

③求职信的正文包括四个方面的内容。首先，致以问候，说明求职信息的来源以及自己应聘的职位；其次，应简明扼要地介绍自己与应聘职位有关的学历、经历、成绩等，不必做具体的陈述，详细的内容应以个人简历的形式附在信后；再次，应写明自己能胜任职位的各种能力和性格特长等，并表明自己对应聘职位的兴趣与态度；最后，应向用人单位表示感谢或表示希望得到回音。

④在正文的右下方签上求职者的姓名，通常可在姓名后加上“敬上”等字样。在姓名下应写上具体的日期，通信地址、电话等内容也可附上。

⑤根据用人单位的要求，附上毕业证、学位证、奖状、证书的复印件以及个人简历等。

（2）写求职信的注意事项

①求职信的用语要正式，尽量避免用简写、缩写等，以免显得随便。信中用到的称呼也要规范、标准，不能出现“叔叔”“阿姨”“大哥”“大姐”之类的称呼。

②介绍自己情况时要条理清晰、逻辑严密，并应根据应聘的职位有所侧重地进行说明。

③求职信的内容要符合实际，切不可自吹自擂、言过其实。另外，一些过于绝对的词语，如“最”“一定”“肯定”“绝对”“必然”等，也应尽量避免使用。

④求职信的语言要简明扼要，篇幅不宜过长。

⑤书法较好的求职者最好手写求职信，以给用人单位留下良好的印象。用打印件的求职者，则应保证信件的清晰美观。

⑥求职信上切不可有错别字或明显的涂擦痕迹，其他的污渍更不可留在信上。

4. 物品准备

求职前要准备好简历、身份证、照片、相关证书、记事本和笔等。所有材料应有条理地放在公文包或文件夹里，方便随时取出。

5. 形象设计

恰当的着装和整洁的仪容能够弥补自身的某些不足，散发自己的独特气质，使我们在众多求职者中脱颖而出。

（1）服装

应聘是正式场合，着装应该较为正式，必须符合社会大众的审美，不要穿奇装异服。另外，求职者的着装也应与应聘岗位协调。法律、金融、教育等行业适用职业装，女士穿套裙、男士穿西装是最佳的选择。IT 行业则不必如此严格，穿着舒服得体的休闲装即可，如休闲西装、T 恤衫、夹克衫等。如果要应聘一些创意类的工作，如广告、设计等，可以穿得稍微时尚一点，显示出独特的品味和风格。不管是男士还是女士，都应保持衣着干净整洁。

（2）仪容

无论是男士还是女士，应聘时都应重视仪容的整洁。男士理好头发，剃好胡须，注意脸部的清洁。女士忌浓妆艳抹，忌喷洒气味过浓的香水，妆容应大方、自然，符合行业要求。

二、面试的基本礼仪

面试是对求职者进行当面考查的测试，能反映求职者的修养和素质，体现能力和个性。每一名求职者，都希望在面试的时候留给主考官一个好印象，从而增大录取的可能性。了解一些面试的礼仪则有助于求职成功，获得理想的职位。

1. 到达面试地点

（1）守时

守时是职业道德的一个基本要求，参加面试应特别注意遵守时间。一般应提前 5 至 10 分钟到达面试地点，以表示求职的诚意。面试时迟到或匆忙赶到是致命的，会给用人单位留下非常不好的印象。大公司的面试往往一次要安排很多人，迟到几分钟，就很可能会错失良机。

（2）等候面试

走进公司之前，要注意整理好仪容仪表，并把手机调成静音模式，避免面试时手机突然响而造成尴尬局面。进入面试单位，若有前台，则开门见山说明来意，经指导到指定区域等候。若无前台，则向工作人员求助，这时要注意使用“你好”“谢谢”等词语。等候面试时应保持安静，不应与参加面试

的其他求职者高声攀谈。

2. 面试的注意事项

（1）把握进门的时机

如果没有人通知，即使前面一个人已经面试结束，也应该在门外耐心等待，不要擅自走进面试房间。自己的名字被喊到，就有力地答一声“是”或“到”，然后再敲门进入。敲两三下是较为标准的。敲门时千万不可敲得太用劲，以里面听得见的力度敲门即可。听到里面说“请进”后再进入房间。开门和关门要尽量轻，进门后应转过身去正对着门，用手轻轻将门合上。回过身来将上半身前倾30度左右，向面试官鞠躬行礼，微笑示意。

思考

面　试

小辉今年即将毕业，早早地投入找工作的洪流中。经学校推荐，小辉去参加一家保险公司的招聘。在最初的笔试中，小辉凭着自己扎实的基本功、丰富的专业知识，笔试成绩远高于其他竞争者。大家都以为这份工作非小辉莫属，但结果却出人意料。在最后的面试中，小辉表现得十分“谦虚”。哪知正因为如此，他痛失了良机。

面试官问道：“你觉得你的英文水平怎么样？”小辉回答：“还行。”“你能胜任这份工作吗？”“应该可以吧。”几个回合的问答，小辉都是如此“谦虚”。这样的回答使面试官对小辉产生了缺乏实力和自信的不好印象，小辉因此失去了这份工作。

如果你是小辉，你会如何回答以上提问？

（2）面试中的语言

如果说外部形象是面试的第一张名片，那么语言就是第二张名片。语言能反映一个人的文化素质和内涵修养。交谈时态度谦虚、诚恳、自然、亲和、自信会让我们更容易受到人们的欢迎、得到人们的认可。面试时要在现有的语言水平上，尽可能地发挥口才，力争对面试官所提出的问题对答如流，回答恰到好处。

①自我介绍通常是面试的开始，也是很好的表现机会，应把握以下几个要点。首先，要突出个人的优点和特长。语言要简洁，具有概括性，不要拖

泥带水，轻重不分。其次，要展示个性，使个人形象鲜明。可以适当引用别人的言论，如老师、朋友等的评论来支持自己的论述。再次，坚持用事实说话，不宜夸大其词，也不宜过分谦虚。最后，介绍的内容应层次合理。

②在面试中对面试官的问题要一一回答。要口齿清晰，音量大小适度。语句完整，不宜犹豫，不用口头禅。回答时尽量不要用简称、方言和口头语，以免面试官难以听懂。切忌把面试当作我们唱独角戏的场所，更不能打断面试官的提问，以免给人留下急躁、随意、鲁莽的坏印象。当不能回答某一问题时，应如实告诉面试官，不要不懂装懂。不懂装懂的回答不仅不能侥幸得分，还可能使面试官对我们的人品产生怀疑。

（3）面试中的仪态

除语言以外，姿态、神情也是职业形象的体现。

①微笑是自信的表现，也能帮助我们消除紧张。面试时要面带微笑，态度亲切和蔼、谦虚真诚，不要板着面孔，苦着一张脸，也不能大大咧咧或扭扭捏捏、矫揉造作。

②适度恰当的手势，能够加大对某个问题的说明力度，但面试中手势太多会分散人的注意力。交谈很投机时，可适当地配合一些手势讲解，但不要频繁耸肩，手舞足蹈。

③进入面试室后，在没有听到“请坐”之前，不宜自行坐下，最好等面试官示意你坐下后才坐下，坐下时应道声“谢谢”。坐姿也有讲究，良好的坐姿是给面试官留下好印象的关键要素之一。坐椅子时最好坐满三分之二，上身挺直，这样显得精神抖擞。切忌上身歪斜，跷二郎腿或抖腿。双手可以自然地平放在大腿上，两臂不要交叉在胸前，更不能把手放在邻座椅背上。

④面试时目光主要聚焦在面试官身上，在不言之中，展现出自信及对面试官的尊重。注视的部位最好是社交凝视区，目光平和而有神，专注而不呆板。如果有几位面试官在场，说话的时候要适当扫视一下其他人，以示尊重。回答问题前，可以把视线投在面试官背面的墙上，稍做思考，但时间不宜过长，开口回答问题时，应该把视线收回来，切忌眼神游离不定。

3. 结束面试

面试结束后，求职者应收拾好东西站起来，面带微笑地向面试官道谢并告辞。不要一边收拾东西一边告辞，也不要一声不吭地离开或只是点头致意，更不可当面询问面试结果。如果条件允许，可再次走到面试桌前同面试官握

手道别，以给对方留下热情、爽朗、自信、果断的印象。走出面试的办公室时，应先打开门，然后转过身来向面试官鞠躬示意后轻轻转身将门合上。

三、面试后的礼仪

许多求职者只留意面试时的细节，而忽略了面试后的礼仪。实际上，面试结束并不意味着求职过程的完结，在等待求职结果的过程中，还有几件事情要做。

1. 表示感谢

为了加深招聘人员对你的印象，增大求职成功的可能性，面试后的两三天内，可以给应聘的公司打个电话或写封信表示感谢。

（1）打电话

电话感谢要选择合适的时间，应避开刚上班和快下班的时间。电话内容要简短，最好不要超过 3 分钟，电话里最好不要询问面试结果。

（2）写面试感谢信

面试感谢信包括电子邮件和书面感谢信两种方式。如果平时是通过电子邮件与应聘的公司联系，那么在面试结束后，可以发一封电子感谢信。

书面感谢信最好用白色的 A4 纸，字的颜色要求是黑色，在书写方式上有手写和打印两种。打印出来的感谢信较为标准化，但有时难免给人留下千篇一律的印象。手写的感谢信则要求字迹工整、清晰，尽量不要涂改。

感谢信可以包括如下内容：首先在开头写明上次面试的时间、地点和应聘的职位，感谢公司给予自己面试的机会；再简短地说明自己与职位要求相吻合的才能，谦虚地说明自己非常希望得到这个职位，正在等回音。

需要注意的是感谢信的内容不要太多，三四百字即可。最好再随信附上一张照片，照片最好与简历上的一样，以加深应聘的公司对你的印象。

小知识

感谢信

尊敬的××公司人力资源部门负责人：

　　您好！我是××月××日到贵公司应聘××××的×××。非常感谢贵公司给了我这次笔试、面试机会！

通过这次面试，我对贵公司有了更加深刻的认识，同时也很高兴得到此次与贵公司沟通的机会。在投身社会之际，为了将自己所学的知识真正应用到实际生活中，我希望加入贵公司。如果能够成为贵公司的一分子，我相信我能在自己的岗位上尽职尽责、踏踏实实地贡献自己的一份力量。我对贵公司的发展前景十分有信心，希望有机会和贵公司的其他员工一起为公司的发展共同努力。

期待贵公司的回音！

应聘者：×××

××××年××月××日

2. 询问结果

一般面试后，公司都会许诺一个通知的时间。如果通知时间到了还没收到答复，那么就应该主动给应聘的公司打个电话，询问自己是否被录用。

在通话的过程中，自始至终都要尊重自己的通话对象。接通电话后，首先说一声“您好”，接着简单地介绍自己，包括自己的全名、何时去面试、面试何职位，再说明自己打电话的用意。通话时用语应文明礼貌，话语简洁明了。

如果知道自己没被录用，首先要保持情绪的稳定，同时请教一下未被录用的原因，可以说：“对不起，我想请教一下我没有被录用的原因，我好再努力。”应总结分析，吸取教训，调整心态，争取在下次面试中取得好成绩。

需要说明的是，不要过多地打电话询问面试结果，最多打三次电话询问就可以了。再多的电话，反而会适得其反，甚至会给人固执、偏激的印象。

3. 接收录用通知

录用结果一般通过电话、短信、电子邮件等形式通知个人。接听电话时，应选择安静的场所认真聆听，并注意用语文明。收到短信或电子邮件，除注明不需要回复的短信或电子邮件外，都应及时、礼貌地回复。还应认真记录公司安排的体检、报到的时间，做好入职前的准备工作。

思考

面试案例

一位先生要雇一个没带任何介绍信的小伙子到他的办公室做事，他的朋友觉得非常奇怪。但这位先生说："其实，那个小伙子带来了不止一封介绍信。你看，他在进门前先蹭掉鞋子上的泥土，进门后又先脱帽，随手关上了门，这说明他很懂礼貌，做事很仔细；当看到那位残疾老人时，他立即起身让座，这表明他心地善良，知道体贴别人；那本书是我故意放在地上的，所有的应试者都不屑一顾，只有他俯身捡起，放在桌上；当我和他交谈时，我发现他衣着整洁，头发梳得整整齐齐，指甲修得干干净净，谈吐温文尔雅，思维十分敏捷。"

为什么说这个小伙子带来了不止一封介绍信？

第二节　工作礼仪

工作礼仪是员工在日常工作中必须遵守的一些基本礼仪规范。无论是办公室的文员，生产车间的操作员，还是餐厅里的服务员，都应该学习和运用工作礼仪来规范自己的言行。

一、工作态度

个人的工作表现与能力有关，同时也与个人的性格有关。能力与性格短时间内难以改变，但人们对待本职工作的态度却是可以改变的。态度的变化会在工作实践中对能力的提高与性格的改变产生潜移默化的影响。选择积极的工作态度，我们会发现自己在工作中的表现越来越出色。

1. 强烈的责任心

对待自己的本职工作，要兢兢业业、尽职尽责、勇挑重担，不推卸责任，不拈轻怕重。尤其是刚踏入社会的毕业生，更要对工作充满热忱、满怀热情、认真负责，否则就会对未来的职业发展产生不好的影响。

2. 健康的进取心

工作中应追求卓越，努力学习和提高，争取把事情做得更好，不消极，不甘落后。但不要把进取心转变为无穷无尽的欲望，以致同事之间勾心斗角，从而影响工作的正常开展。

3. 宽容的心

凡事要就事论事。同事间要互相团结，意见不一致时应尝试通过交流沟通达成共识。要宽容、求同存异，坚持原则但不斤斤计较。减少摩擦、减少抱怨会使我们在人际关系的处理上游刃有余，强化与同事之间的合作，赢得领导的信任。

4. 感恩的心

对公司要心存感激，珍惜目前的工作岗位。同事的配合与帮助是自己做好岗位工作的必要保障，因此要感谢同事的付出。家人的支持与付出是自己做好工作的坚实后盾，因此要感激家人的支持，保持家庭和谐。心怀感恩，减少偏执与孤傲，工作会更得心应手。

二、工作时的仪容仪表

工作时的仪容仪表反映了一个人的精神面貌、文化素养和审美水平，也反映了一个公司的文化底蕴。办公室仪容仪表要求突出职业、干练、协调等特点。得当的仪容仪表可提高工作效率，增添职业魅力。

1. 整洁的仪容

首先要保持脸部和头发的清洁，男士应每天刮胡子，有条件的可天天洗头发，保持头发清爽洁净。女士忌浓妆艳抹，清新的淡妆能使人充满自信，增添魅力，不应使用气味过浓的香水，不应佩戴过多的首饰。

2. 恰当的着装

工作时主要的着装要求是整洁、合体、规范。

（1）整洁

整洁是着装的基本要求。不用一味地追求品牌，做到干净、朴素、大方、得体即可。

小知识

整洁四勤法

一是勤换。衣服常换常新，适时更换，不仅能让自己感觉更有精神、更加自信，而且能让别人产生一种视觉上的变化，给人一种向上的感觉。

二是勤洗。干净是对着装最起码的要求，脏兮兮的衣服不仅暴露了自己的懒惰，也会让人觉得不舒服，是对身边人的不尊重。

三是勤熨。“人老怕皱，衣服怕褶。”衣物不怕旧，就怕不保养。衬衣应熨烫平整；裤子应熨出裤缝，始终保持笔挺有型。

四是勤检查。每天出门前要对自己的着装认真地检查，衣扣、裤扣是否扣好，裤带、鞋带是否系好，衣裤、鞋子是否有破损等，发现问题及时处理。

（2）合体

服装的色彩、式样、剪裁等，只有与穿着者的体形、气质相适应，穿着者才能真正穿出风采。另外，还可以巧妙利用服装的款式，弥补自己体形上的缺点，在这方面若不注意，则有可能使自己的缺点更为明显，让人感觉很不协调。

（3）规范

要注意着装的严肃、规范。在生产车间如穿工作服，则应严格遵守车间的规定，换好工作服后根据要求检查自己的着装。在正式场合如穿西装就应该遵守西装的着装规范。在办公室内，如感觉热，可以将外套脱下来，脱下来的外套应挂在衣架上或搭在椅背上，不可随意乱放。

三、办公室一般礼仪

遵守办公室一般礼仪和制度是保证工作正常进行的前提。

1. 守时

遵守上班、午餐、下班时间，不迟到早退。不能在上班时间随便出去办私事，如有急事，应向领导请假。

2. 整洁

办公室的桌椅及其他办公设施，应保持干净、整洁。常用物品要摆放整齐，不要随手乱扔。尽量不在办公桌上放自己的私人物品，如恋人的信物、备用的化妆品、个人的收藏品等。下班后的桌面也应保持整洁，重要的文件或资料应该收放在抽屉或文件柜中。

3. 礼貌

在办公室里对领导和同事都要讲礼貌，说话做事要有分寸。同事之间不能称兄道弟或乱叫外号，而应以姓名相称，对领导和前辈则可以用其姓氏加职务来称呼。不应在大庭广众之下开领导和同事的玩笑，不在背后说领导和同事的坏话。

对外来办事人员，可视其性别、职务，称呼先生、女士、经理等。除礼貌称呼外，还应热情接待，真诚相助，办完公事后应礼貌相送。

去别的办公室拜访同样要注意礼貌。一般需要事先联系，准时赴约，经过许可方可入内。在别的办公室里，没有主人的提议，不能随便脱下外套，也不要随意解扣子、卷袖子、松腰带。未经同意，不要将衣服、公文包放到他人的桌子和椅子上。公文包很重的话，可以放到腿上或身边的地上。不要乱动别人的东西。在别的办公室停留的时间不宜太久。

4. 公私分明

在办公室内不接、打私人电话，不干私活、私事。爱惜办公室公共用品，不将公用物品随便带回家。使用打印纸、水性笔、文件袋等办公用品时应避免浪费。

5. 不争功、不诿过

切莫将集体的努力当成是个人的成绩，邀功、争功会失去同事的信任。遇到问题要首先报告给顶头上司，切莫诿过或越级上报。如果是自己做错了事，要勇于承担责任，绝不可以诿过于别人。

四、工作礼仪禁忌

1. 忌谈薪酬

因为工作内容和工作岗位的不同，每名员工的薪酬也存在差异。一味地打听他人的薪酬，不会增加彼此间的友谊，反而可能引发同事间的猜忌与不满，影响整体的工作氛围。

2. 忌背后谈论领导和同事

不谈论领导和同事的是非，不传播道听途说的东西。人言可畏，一件事情一传十，十传百，可能早已失去了它的真实性。我们要对自己的言论负责，尊重他人才能获得他人的尊重。

3. 忌谈公司的任何机密

企业一般都有自己的机密，如客户信息、供应商信息、技术信息（新产品、新技术、新工艺、新设备等）等，泄露这些机密将会导致严重的后果，甚至可能触犯法律。

4. 忌讲粗话

讲粗话是十分不文明的行为，是低素养的表现。与同事交谈时要把握分寸，学会控制自己的情绪，注意用语文明，为自己塑造一个良好的形象。

5. 忌抱怨

工作中可能会受到一些委屈，遇到不公平、不公正的对待，这些都是很正常的，应保持平常心。没有必要在办公室向同事抱怨，抱怨解决不了任何问题，还可能加重心理负担。让自己冷静下来，对事件进行合理的分析评估，努力寻找权宜的解决办法才是上策。

五、与领导相处的礼仪

与领导保持良好的关系是下属能顺利开展工作的重要条件。

1. 尊重

对刚步入社会的毕业生来说，领导不仅是我们工作上的前辈，也是我们的长辈。尊重长辈是一个人最基本的品德。工作中遇到领导要主动问好，犯了错被领导批评应虚心接受。随意顶撞、背地谈论领导都是不可取的。

2. 平等

与领导相处要不卑不亢，不应阿谀奉承。平时保持适当的距离，不可动辄称兄道弟。工作上应勤奋积极，可以主动向领导学习，提高自己的工作能力。还应注意，对不同的领导要做到在人格上一样尊重，在工作上一样支持，在组织上一样服从，不搞亲疏有别。

3. 沟通

我们都希望建立良好的上下级关系，希望消除误会和隔阂。在现实生活中，往往有上下级不和，彼此争斗的状况。其主要原因是上下级间的沟通不及时、不主动。有时候一个眼神的交流，一次开诚布公的交谈，往往会使得上下级的关系获得出乎意料的进展。学会与领导交流的技巧，不仅会使我们与领导之间的信息交流通畅，也有利于我们建立和谐的人际关系。

思考

与领导沟通的方式

公司为了奖励市场部的员工，制订了一项海南旅游计划，名额限定为10人。可是13名员工都想去，部门经理想要再向总经理申请3个名额。让我们来看一下以下两种沟通方式。

沟通方式一：

部门经理说："总经理，我们部门13个人都想去海南，可只有10个名额，剩余的3个人会有意见，能不能再给3个名额？"

总经理说："筛选一下不就完了吗？公司能拿出10个名额就花费不少了，你们怎么不多为公司考虑？你们呀，就是得寸进尺，不让你们去旅游就好了，谁也没意见。我看这样吧，你们3个做部门经理的，觉悟高一点，明年再去，这不就解决了吗？"

沟通方式二：

在同样的情况下，去找总经理之前用换位思考法，树立一个低姿态，站在公司的角度考虑一下公司的难处，遵守沟通规则，做好解决此问题的心理准备。

部门经理说："总经理，大家听说去旅游，非常高兴，非常感兴趣，觉得公司越来越重视员工了。领导不忘员工，真让员工感动。总经理，这事是你们突然给大家的惊喜，不知当时你们如何想出此妙计的？"

总经理说："真的是想给大家一个惊喜。这一年公司效益不错，是大家的功劳。考虑到大家辛苦一年，年终组织这次旅游，第一是为了让大家轻松轻松，第二是为了放松后能更好地工作，第三是为了增加公司的凝聚力。大家高兴，我们的目的就达到了。"

部门经理说："也许是旅游计划太好了，大家都在争这10个名额。"

总经理说："当时决定10个名额是因为觉得你们部门有几个人工作不够积极。你们评选一下，不够格的就不安排了，就算是给他们的一个提醒吧。"

部门经理说："其实我也同意领导的想法，有几个人的态度与其他人比起来是不够积极，不过他们可能有一些生活上的原因，这与我们部门经理对他们缺乏了解，没有及时调整都有关系。责任在我，如果不让他们去，对他们打击会不会太大？如果这种消极因素传播开来，影响不好吧。公司花了这么多钱，要是因为这3个名额降低了效果太可惜了。我知道公司每一笔开支都要精打细算，但如果公司能拿出3个名额的费用，让他们有所感悟，激励他们来年改进，那么他们多给公司带来的利益要远远大于这部分支出的费用，不知道我说的有没有道理。公司如果能再考虑一下，让他们去，我会尽力与其他两位部门经理沟通好，在这次旅途中每个人带一个，帮助他们放下包袱，树立有益于公司的积极工作态度，您能不能考虑一下我的建议？"

在上述两种方式中，你认为哪一种更能达到预期目标，效果更为理想呢？在两种沟通方式中有哪些是要尽力避免的，哪些是要认真借鉴的？

六、与同事相处的礼仪

同事之间是一种相互支持、相互配合的协作关系，应互相尊重、彼此信任。遵循同事相处的礼仪，会创造和谐的办公环境，促进公司及个人的发展。

1. 尊重同事，学会感恩

良好的人际关系很大程度建立在彼此尊重的基础上，与同事相处尊重对方是关键。尊重同事表现在很多方面，如见到同事主动问好，不随意打听同事的隐私，不随便翻弄同事的私人物品，等等。工作中、生活上受到同事的关照，要真诚地向同事道谢。当同事有事相求时应提供自己能力范围内的帮助，如实在有困难应如实地提出。

2. 一视同仁，公平竞争

虽然同事之间存在着性别、性格、年龄、阅历、能力、家庭、文化水平等各方面的差异，但在交往中我们还是应一视同仁。例如：对年长者和年轻者一样关心；对一线职工和后勤服务职工同等看待；跟志同道合者和与己有分歧者和平共处。在贡献方面，提倡公平竞争；在荣誉方面，应当礼让谦恭。一视同仁还必须做到一如既往，而不是身份不明时一视同仁，了解情况后差别对待；也不能同甘苦时一视同仁，升迁分别后另眼相待。

3. 传播正能量，忌流言蜚语

与同事交谈时，应避开敏感话题和敏感人物，说话应有分寸，背后议论他人或窥探他人隐私都是一种不光彩的、有损个人形象的行为。当我们从其他同事口中听到闲言闲语时，不应附和，更不能将闲言闲语添油加醋后四处传播。工作中难免会遇到不顺心的事情，这时候最好不要让自己的坏心情影响到周围的同事，从而影响整个工作环境。我们应学会自我调整，努力保持乐观向上的心态，向同事展现良好的精神风貌。

本章小结

掌握职场礼仪有助于我们更好地走上工作岗位，有助于我们建立更融洽的同事关系，更顺利地进行各种职场活动。从小处讲，职场礼仪关系着个人的工作生活，体现着个人的风度气质；从大处讲，职场礼仪关系着公司形象的塑造以及社会生产的发展。因此，学习和掌握一定的职场礼仪，对每一名即将步入职场和身处职场的社会成员而言都非常重要。我们要掌握相关的礼仪和要求，从现在做起，从小处做起，提前为日后的职场生活做好准备。

活动与探索

1. 在下面的案例中，小徐的哪些做法不符合礼仪要求，这些做法会给求职带来什么阻碍？

小徐推门进来，重重地关上门，坐在主考官面前，默不作声。

主考官问：“你是徐 ×× 吧？请问，你是从哪所学校毕业，什么时候毕业的？”

小徐不解地说：“您没有看我的简历吗？您问的这些问题简历上都写着呢。”

主考官回答：“看了。不过我还是想听你说说。那么，请用一分钟简单地叙述一下你的基本情况。”

小徐语速很快地说：“我在大学里学的是文秘专业，实习时在一家广告公司负责文案工作。这几年，我报考了英语专业的自学考试，目前已通过五门功课的考试。我很想到贵公司工作，因为贵公司的工作环境很适合年轻人。

我希望贵公司给我一个机会，而我将回报贵公司一个惊喜。”

主考官皱起眉头，淡淡地说：“好吧，回去等通知吧。”

小徐回答了一声“好的”，便急匆匆地走了。

2. 设计一份有特色的求职简历。

3. 遇到棘手的问题可以越级直接去见更高层的领导吗？

练习与思考

1. 制作个人简历应注意哪些问题？

2. 简述参加面试时的礼仪。

3. 对工作时的仪容仪表有何要求？

4. 简述办公室一般礼仪和工作礼仪禁忌。

5. 与同事相处的礼仪主要包括哪些内容？

第五章　社交礼仪

经典
名句

礼尚往来，往而不来，非礼也；来而不往，亦非礼也。

——《礼记·曲礼上》

社交礼仪是人们在各类社交场合、各种社交活动中应遵循的人际交往礼仪。不同的社交活动有不同的主题和内容，对人们的行为也有着不同的要求。学习和掌握各类社交礼仪，能帮助人们顺利地进入社交圈，在社交活动中得心应手，游刃有余地应对各种人际交往，处理各种人际关系。

本章先介绍宴会种类、赴宴礼仪和进餐礼仪等宴会礼仪的相关知识，然后介绍馈赠礼仪，其中包括馈赠原则、接受馈赠的礼仪等，最后介绍公务迎送礼仪的相关知识。

第一节　宴会礼仪

宴会是社交活动中常见的一种交际形式。在宴会中，人们欢聚一堂，宴会的融洽氛围有利于人们增进了解、联络感情。

宴会被人们广泛地用于婚嫁、乔迁、祝寿、开业、聚会、过节、致谢等活动，无论是举办宴会的组织者还是应邀前往的赴宴者，都应讲究特定的礼仪。

一、宴会的种类

宴会按规格可以分为国宴、正式宴会、便宴等，按举行的时间，又有早宴、午宴、晚宴之分。其隆重程度、出席规格以及菜肴的品种与质量等均有区别。一般来说，晚上举行的宴会较之白天举行的更为隆重。

1. 国宴

国宴，是国家元首或政府为招待国宾、其他贵宾或在重要节日为招待各界人士而举办的宴会，属于最高规格的宴会。国宴的菜肴也比较讲究，一般会根据中外宾客的不同口味烹制。

2. 正宴

正宴，即正式宴会的简称，适用于规格较高、较正式的场合。正宴的宴会桌椅要排桌次和席次，让主宾双方依次入座。正宴分午宴和晚宴两种，一般晚宴更为正式、隆重。

3. 便宴

便宴，即非正式宴会，是相对于正宴而言的。便宴的形式比较简便，会场内一般不排桌次、席位，气氛较为随和。便宴主要是午宴和晚宴，少数为早餐宴。

4. 家宴

家宴，即指在家设宴招待宾客的宴会，比较适用于民间往来。家宴一般由男女主人陪同客人进餐，席间主宾交谈，气氛融洽温馨。家宴一般在中午或晚上举行，持续时间可长可短。

5. 自助宴

自助宴，即指由宾客自己动手进餐的宴会，是一种自由、轻松的宴会形式。自助宴不必等所有宾客全部到齐才能用餐，先来者先吃，后来者后吃，服务人员会根据宾客的食用情况添菜加餐。

6. 其他宴会

除了上述五种较常见的宴会类型，还有鸡尾酒会、冷餐会、茶会、咖啡宴等。

二、宴会的筹备

1. 确定时间和地点

（1）时间

宴会的时间应根据宴会内容及主宾双方的时间来定。若不是为了共度佳节，比如中秋、春节等，宴会的时间在原则上应避开重要的节假日以及宾客一方的重要纪念日等，以保证宾客能够赴宴。同时，还要注意不同地区的风俗习惯，比如宴请西方人，最好避开“13”这个数字。工作日宴请，最好选在晚上进行；节假日宴请，可选择中午或晚上。

（2）地点

宴会的地点应根据宴会的目的、规模、形式、宾客身份等因素来定。一般而言，除了家宴，其他宴会应选择交通便利、环境优雅、服务好、菜肴佳的饭店、酒店。若来宾人数较多，选择的包厢包间不能过小；若来宾身份尊贵，所选饭店、酒店的档次不能过低。另外，还要根据来宾的口味选择相应的饭店，比如不能安排不善吃辣的宾客到川菜、湘菜馆，不能安排不喜吃甜的宾客到江浙菜馆。

2. 确定范围和形式

（1）范围

宴请的范围应根据宴会的性质及宾客的身份来确定，要以适、和、偶为原则。适，即邀请的人要适合宴会的性质。比如，亲戚间的家宴不宜邀请同事，同事间的工作餐不宜邀请朋友。和，即要考虑所邀请的宾客间彼此关系是否和睦。不可邀请关系不和的人同时参加宴会，以免破坏整体气氛，导致宾客尴尬。偶，即要注意邀请的宾客人数最好是偶数，以免宴会中有人落单。

（2）形式

宴会的形式应根据宾客的身份来定。比如，宴请年长者不宜选择西餐的形式，宴请商务合作伙伴不宜选择普通的家宴。总之，宴会的形式需同来宾身份相符，还可适当地考虑其时间安排、个人喜好等。

3. 发出邀请

除了工作餐、便宴、家宴可以打电话或口头通知宴请的宾客，一般较正式的宴请活动都要以书面的形式发出邀请。

邀请一般应提前一周左右发出，形式有请柬和邀请信两类。在请柬或邀请信中，要写明宴会的时间、地点、主办单位或主人姓名，也可加上桌次安排、宴会形式、联系电话等。需安排座位的宴请活动，为确切掌握出席情况，往往要求被邀者答复能否出席，此时请柬上应注明电话号码。另外，也可以在请柬发出后，打电话询问客人能否出席。

4. 确定菜肴

宴会的菜肴应根据宴会的形式、规格以及主宾的喜好和禁忌而定。如果是公司宴请，则菜肴还应在规定的预算范围内进行安排。一般而言，选菜要注意合理搭配，要做到营养搭配、冷菜热菜搭配、荤菜素菜搭配、传统菜与时令菜搭配，以及甜点、酒水、饮料等与菜肴的搭配。

选菜还要充分考虑来宾的口味和禁忌。若来宾人员组成比较复杂，可以根据他们的饮食习惯让其分桌而坐，菜肴也应分灶烹制。另外，还要充分考虑现代人对健康饮食的注重，某些高胆固醇、高脂肪含量的食材可以少选。

正式的宴会应事先列出菜单，并征求负责人的同意。获准后，即可印制菜单，一般每桌一份，也可每人一份。

5. 桌次席位安排

（1）桌次排列

正式的宴会对桌次的排列有严格的规定。桌子在两张以上，就应按礼仪次序进行排列，并在桌上摆放桌次牌。按惯例，越靠近主桌的桌子桌次越高，并排放置的桌子则右高左低。还要考虑距离门的远近，离门远的桌次较高。

（2）席位的安排

正式的宴会也会对来宾的席位进行安排。圆桌上的席位安排基本遵循“面朝大门为尊”及“以右为尊”的原则。若使用长桌，席位的安排基本上也遵循上述两项原则。

三、赴宴礼仪

参加比较正式的宴会，在到达、入席、就餐和告辞环节都有特定的礼仪要求。

1. 到达

出席宴请活动，抵达时间的早晚、逗留时间的长短在一定程度上反映对宴会组织者的尊重程度。按时出席宴会是最基本的礼貌。一般来说，出席宴会要根据各地习惯，正点、提前两三分钟抵达为宜。身份高者可略晚些到达，一般客人宜略早些到达。万一有特殊原因不能按时到达，应及时通知宴会组织者并致歉。在一般情况下，宴会开席延误 10~15 分钟是允许的，但最多不能超过 30 分钟，否则将会影响宴会的气氛。

抵达后，应先脱下大衣和帽子，如设有衣帽间应在衣帽间进行，然后前往迎宾处，主动向宴会组织者问好，并对在场的其他人微笑点头致意。如是节庆活动，应表示祝贺，同时双手递上事先备好的礼物。

2. 入席

进了会场后，从容地找到事先安排好的座位就座，如不清楚座位安排情况，可以咨询工作人员。入座后应与邻座的人礼貌地打招呼，不应一言不发、表情冷淡。

3. 就餐

（1）举止

就餐时应有愉快的表情，心事重重的神态、漫不经心的样子对宴会组织者和其他宾客是不礼貌的。即使菜不合口味，也应吃上一些，而不能皱眉拒绝。在用餐过程中，一般不可随便离席，但如果要咳嗽、吐痰，有刺卡住，或需要将口中食物吐出来，这时应暂时离席，否则是不礼貌的。离席时动作要轻，不要惊扰他人，更不要把座椅、餐具等物碰倒。不能在餐桌前打电话，如必须打，则要离开餐桌。

（2）交谈

无论是宴会的组织者还是宾客，都应与同桌的人交谈，特别是左右邻座，不要只同几个熟人或只同一两个人说话。如与邻座不相识，可先自我介绍。交谈时应注意分寸，避谈敏感的话题，同时控制讲话的音量。

小贴士

进餐时要注意讲话分寸，要谈一些大家感兴趣的事情，不可夸夸其谈，最好不谈工作、政治和健康问题。在与女性谈话时，一般不询问对方的年龄、恋爱和婚姻状况等，也不要议论女性的容貌、身形等。在与较陌生的男性谈话时，不要直接询问对方的工作经历、所任职务、工资收入、家庭财产、衣饰价格等。

（3）用餐

用餐的时候不要狼吞虎咽，要注意吃相，应细嚼慢咽，切忌狼吞虎咽。切记闭嘴咀嚼，不要发出“吧唧吧唧”的咀嚼声。如果汤水、饭菜太热，不要用嘴去吹，应等稍凉后再吃。口内有食物或他人在咀嚼食物时，均应避免跟人说话。

4. 告辞

一般宴会组织者宣布宴会结束后才能离席。临走前应向宴会组织者道谢、告别，感谢他的热情款待，可以说“谢谢您的款待”“您真是太好客了”“菜肴丰盛极了”。此外，还要与其他客人道别。如果有事要提前离席，则应向宴会组织者及同桌的客人致歉。如果宴会比较正式，即使告别时向宴会组织者道谢了，出于礼貌在回去之后也可以送上一封感谢信。

四、进餐礼仪

1. 中餐的基本进餐礼仪

中华饮食文化内涵丰富，源远流长。中式餐饮用餐时有其特有的礼仪。

（1）筷子的使用

筷子是中餐最主要的餐具，一般使用右手持筷夹菜。使用筷子时要遵守一定的规范。比如，不能用单根筷子去戳取食物，不能将筷子插在食物上，不要吮、舔筷子，不要把筷子当牙签使用，不要用筷子搅动菜肴、挑拣食物，与人说话时不要挥舞筷子，也不要用筷子指人，等等。

（2）勺子的使用

在中餐中，勺子的主要作用是舀汤，使用时应注意：用勺子舀回的汤汁或食物，不可再次倒回汤盆；舀汤时，最好等汤汁不再往下滴时再移回自己的盘子；喝汤时，不要将勺子全部放入口中，也不要吸吮勺子；如果汤很烫，则应先放到碗里，等凉了再喝，不要用嘴对着吹，也不要用勺子舀来舀去。除了舀汤，勺子还可用来取菜，但一般是配合筷子使用的，而不应直接舀菜。取菜时，装入勺子的菜肴不要过满，以免溢出来弄脏餐桌；将装着菜肴的勺子移回自己的盘子时，动作要平稳轻缓；不要拿自己的勺子帮他人取菜。暂时不用勺子时，应将它放在自己的食碟上，而不要把它直接放在桌上或汤碗里。

（3）食碟的使用

食碟主要用来暂放从公用菜盘里取来的菜肴。用食碟时，不要一次取过多的菜肴，也不要把多种菜肴堆放在一起。吃剩的食物残渣要用筷子夹放到碟子的前端，不要直接吐在地上、餐桌上。如果食碟放满了，可以请服务员更换。

（4）进餐的注意事项

取菜时动作要文雅，不要乱夹乱舀，以免影响他人的食欲。取够不到的菜时，可请别人帮忙，最好不要起身自取。进餐时不要当众咳嗽、打喷嚏或打嗝，如果忍不住，应用餐巾掩住嘴侧过身体。用餐过程中不要宽衣解带，或当众补妆、梳头等，如有需要应去洗手间解决。

2. 西餐的基本进餐礼仪

（1）餐巾的使用

入座后，来宾可在未上菜前的一段时间内将餐巾打开，往内折三分之一，将三分之二平铺在腿上，盖住膝盖以上的双腿部分。在正式的宴会中，最好不要把餐巾塞入领口。用餐过程中如需要离开，要将餐巾轻放在椅子上，用餐完毕后才可将餐巾放在桌面上。

（2）刀叉的使用及摆放

吃西餐需要使用刀叉，正确的使用方法是：右手持刀，左手拿叉，进餐时用叉子将食物固定，然后用刀切下一口大小的食物送入口中。

在正式宴会中，刀叉的摆放也有讲究，不同的摆放方式会传递出不同的信息，因而不可乱摆乱放。如果吃到一半想稍事休息，就应将刀叉以八字形状摆放在盘子的两边；若是用餐完毕，则应将叉子的尖向上，刀子的刀刃侧向内，与叉子并拢，平行放置于餐盘上。

（3）进餐的注意事项

切肉时力度不宜过大，以免刀与盘子碰撞发出很大的声音。需要蘸调味酱时，应将调味酱钵拿到盘子旁边，用汤匙舀取适量的酱料放在盘子内侧，用肉蘸着吃。一般而言，舀取的量以两汤匙为宜，舀取时应注意不要让酱料滴到桌上，也不要将酱料直接浇在肉上吃。

吃鱼时若吃到鱼刺，不要直接从嘴里吐出，最好是用舌头将鱼刺顶出来，用叉子接住，放到碟子的一角。万一鱼刺卡进了牙缝间，则应用餐巾掩着嘴，利用拇指和食指将之拔出。喝汤时尽量不要发出声音，如果觉得汤太烫，应等它稍凉后再喝。

思考

吃西餐

小刘和小张在一家西餐厅就餐，小张点了海鲜，小刘则点了烤羊排。主菜上桌，两人的话匣子也打开了，小张边听小刘聊起童年往事，一边吃着海鲜，心情愉快极了。聊得尽兴时，小张发现有根鱼刺塞在牙缝中，这让他很不舒服。小张心想，用手去掏太不雅了，于是就用舌头舔，舔也舔不出来，还发出啧啧喳喳的声音。好不容易将它弄出来，小张就随手将鱼刺放在餐巾上。之后小张在吃虾时，又在餐巾上吐了几口虾壳，小刘对这些也不太计较。不一会儿，小张想打喷嚏，便拉起餐巾遮嘴，用力打了一个喷嚏。餐巾上的鱼刺、虾壳随着风势飞了出去，其中的一些正好飞落在小刘的烤羊排上，这下小刘有些不高兴了。

上文中小张有什么失礼之处？

第二节　馈赠礼仪

中华民族素来重视礼尚往来，亲戚、朋友、同事及商务伙伴之间少不了互赠礼品。赠送礼品不仅能够促进赠礼方与受礼方的感情，而且能够表现出馈赠者的诚意与品味。因此，赠礼除了是人际交往中一种表情达意的形式，还是一项处理人际关系的技巧。

一、馈赠的时机

馈赠应选择合适的时机，不能毫无缘由地赠礼，也不能不分场合地赠礼。选择合适的时机，不仅能让受礼方欣然接受礼品，还能真正起到加强联系、增进感情的作用。赠礼的时机大体有以下几种。

1. 致谢

当个人或集体向他人表达谢意时，可以赠送礼品。在生活中这种情况很多，比如，某个陌生人归还了我们丢失的物品，某位朋友为我们排忧解难，某个组织帮我们解决了困难，等等。这时为了表达自己的感谢和敬意，可以赠送礼品。另外，某些公司或组织在节假日来临之际，会向员工或公众赠送礼品，以感谢他们长久以来对公司或组织的关心与支持。

2. 节日

春节、中秋节、重阳节等传统节日，以及母亲节、父亲节、儿童节、教师节等节日都可以作为送礼的时机。例如：在教师节，学生可以给老师送上鲜花和贺卡，感谢老师的辛勤付出；在中秋节，晚辈可以给长辈送上水果或月饼，表达自己对长辈的关心和节日的祝福；在母亲节或父亲节，子女可以给父母送上精美的礼品，感谢父母的养育之恩。

3. 祝贺

（1）祝贺生日

在亲朋好友或同事生日时，可以赠送礼品表示祝贺。赠送的礼物应根据对象的特点来确定。若是小朋友生日，送的礼物可以是书籍、学习用品、益智玩具之类的，这些礼物符合孩子的年龄层次，并对其智力的发展有益。若是老人做寿，则可送滋补品、健身器材、电子血压计等，这些礼品对老人的健康有益，能表达赠礼者对老人的关心。若是朋友生日，则可根据朋友平日的兴趣爱好选择礼品，可以送 CD 给喜欢音乐的朋友，送帽子、背包、运动鞋给喜欢旅游的朋友。若是商务伙伴生日，则可挑选比较大众的礼品，如鲜花、蛋糕等。

（2）祝贺升迁

同事或商务伙伴在工作中取得好成绩，得到升迁，为表示祝贺可以赠送礼品。这类礼品一般应带有鼓励、恭喜的意义，如书画作品、高档钢笔，或具有积极含义的花卉，如百合花、向日葵等。

（3）祝贺结婚

亲朋好友、同事结婚时，应赠送礼品。这类礼品可以是有实用价值的，如茶具、餐具、床上用品等，也可以是有装饰价值的，如精美的水晶工艺品、别具特色的挂饰等。

（4）祝贺乔迁

亲戚朋友搬迁新居时，可以赠送礼品表示祝贺。这类礼品一般是生活用品，如精致的厨具、漂亮的地毯等。也可以送一些主人还没买的小家电，如电烤箱、咖啡壶等。要注意，有些物品虽然实用却不宜赠送，如刀具、内衣等，以免让主人不快或尴尬。

（5）祝贺开张

亲朋好友或商务往来伙伴开店、开业之际，个人或组织可赠送礼品表示祝贺。这类礼品一般是花篮。花篮宜大不宜小，馈赠者可在花篮的绸带上写上祝贺的话语，并属上个人的姓名或组织的名称。

（6）祝贺庆典

公司、学校、医院等举办庆典之日，如建校一百周年纪念、公司成立二十周年纪念等，可以赠送书画、贺匾、题词等表示祝贺，这类礼品显得高雅而有意义。

4. 探病

探病礼品的选择应把握两大原则，一是要健康，二是要适宜。所谓健康，就是指赠送的食品、营养品等应绿色健康，不要送脂肪、胆固醇含量高的食品，除非是病人身体刚好缺这些营养素。所谓适宜，就是指赠送的礼品要与住院的环境以及病人的身体情况、心情相称。如送花就应送康乃馨、剑兰、鸢尾等，不要送病人忌讳的花卉。如果病人对花粉过敏或刚动过大型手术，则不宜送花，可以改送水果等。

5. 拜访

上门拜访他人，或应邀去他人家里做客，可以带上礼品。这类礼品可以是食品类的，如酒水、咖啡、巧克力、糕点等，也可以是鲜花、纪念品、艺术品等物品。如果去拜访的人家里有孩子，还可以送孩子喜欢的玩具、糖果、书籍等。

6. 回赠

接受了他人的赠礼，就应选择一个合适的时间向对方还礼。还礼可以另择时间，比如下次专门去对方家里拜访时回赠礼品。也可当场还礼，即在对方离开时附上一份自己的礼品。回赠时要注意，礼品在价值或分量上最好与接受的礼品相当，不要回赠过于低廉的礼品，以免让对方觉得我们有心敷衍，也不要送太贵重的礼品，以免让对方受之不安。

二、礼品选择的原则

赠礼前，应对礼品进行选择，而礼品的选择也有一定的技巧。好的礼品既能迎合对方的喜好，又能让对方感受到我们的真情实意；而不好的礼品不仅不能让对方喜欢，还会让对方觉得是一种负担。大体上，礼品的选择应把握以下几条原则。

1. 体现情意

赠送的礼品必须是能够表达我们情意的礼品。有时候，情意的轻重不能以礼品的价值来简单衡量，我们的情意到了，礼品的价值也就得到体现。选择礼物时要用心，不能认为贵的就是好的，而要让礼物传达出自己的真情实意。

2. 轻重适宜

对该送重礼的人不要送轻礼，否则会让对方觉得受到了轻视；而对赠送轻礼即可的人则不必送得过于贵重，否则就会让对方感到不安，甚至怀疑我们送礼的动机。给关系并不密切的人赠礼，更应把握好这一原则，注意礼物轻重的尺度。总之，送礼要以让对方愉快地接受为标准。

3. 时尚实用

送礼还要注意礼物的时尚性与实用性。所谓时尚性，就是指选择的礼物应符合时尚标准，不要送款式老旧的礼物，除非对方有搜集此类物品的爱好。所谓实用性，就是指选择的礼物要具有实用价值。比如，送生活用品就应送质量好的、耐用的，不要送劣质的、易碎易坏的；送装饰品就要送可以摆出来欣赏的，不要送粗制滥造的、毫无美感的或不便观赏的。

4. 投好避忌

由于生活经历、风俗习惯、性格、爱好的不同，不同的人对同一礼品的态度是不同的。因此，赠礼前一定要了解对方的喜好和忌讳，了解对方的经历和文化背景，要把握好“投其所好”、避其厌恶的原则。比如，不能给恋人、新婚夫妇送伞，因为中文里“伞”与“散”音近。

三、赠送礼物的礼仪

赠送礼物时也应讲究礼仪，不能做出有违常规的举动。

1. 包装

对挑选好的礼物进行包装，能显示我们对赠礼这一活动的重视。包装前应把礼物上的价格标签拿掉，以免让对方产生误会或产生不好的感觉。可用专门的包装纸和丝带进行包装，若礼物形状不太规则，可放入专用的礼品袋或礼品盒内。

2. 赠送

礼物最好本人亲自赠送，如果礼物过大或不便前去送礼，应提前打电话通知对方，或在礼物上附上自己的亲笔信或卡片，让代为赠送的人一同送过去。

亲自赠送礼品时，态度要恭敬，举止要大方。应双手将礼物递给对方，不要单手随便一丢，或放下让对方自取。送礼时也不要畏畏缩缩、探头探脑，以免让人误会我们有不正当的送礼目的。另外，送礼时还应配合着说一些祝福、感谢的话语，如“生日快乐”“有劳您招待”等。不宜自我贬低，说“临时准备的”“随便买的”“家里有就拿过来了”之类的话，以免让人怀疑我们的诚意。对某些较新式的礼品，待对方拆封后，我们可对其用途和用法稍做解释。

四、接受礼物的礼仪

接受礼物时，大致有如下三个方面需要注意。

1. 欣然接受

在接受礼品时，应当起身站立，面带微笑，以双手接过礼品，并且礼貌地向对方道谢。当外国友人向自己赠送礼品时，一般应当大大方方、高高兴兴地接受，没有必要跟对方推来推去，过分客套。在接受礼品时，面无表情，用单手去接礼品，接受礼品后不向送礼人致谢，都是非常失礼的表现。

2. 启封赞赏

一般而言，接受礼品表示感谢后，可以将礼品暂时收起来妥善保管。在一些西方国家，人们在接受礼品后，通常会当着送礼人的面拆开礼品的包装，以表达自己的喜悦之情。

3. 事后致谢

接受了对方所赠送的较为贵重的礼品后，最好在一周之内写信或打电话

给送礼人，向其正式致谢。若礼品是由他人代为转交的，则上述做法更是必不可缺的，以后有机会与送礼人相见时，可以再次当面向其表示自己的谢意。

第三节　公务迎送礼仪

公务迎送礼仪不仅能够约束公务接待人员的言行举止，还可以帮助企业间建立相互尊重、彼此信任、友好合作的关系。公务接待人员忽视任何一个微小的礼仪细节都有可能影响公务交往的正常进行。

一、公务迎送礼仪的原则

1. 宽容

不是大的原则问题，就要对客人宽容，千万不要为难客人，让客人难堪。如在交谈时不要打断别人，不要轻易地对客人说话的内容进行补充，不要随意纠正客人的话。

2. 尊重

尊重客人的表现之一就是善于使用尊称，可以使用泛尊称，也可以称呼客人的行政职务或技术职称，总之要体现自己的恭敬之情。问了客人名字之后一定要记住，接过名片一定要从头到尾仔细看一遍，切勿张冠李戴。

3. 赞美

要善于发现客人的优点，并给予适当的赞美。赞美时必须注意两点：一是要实事求是，不能太夸张；二是要夸到点子上。

二、接待前的准备

在公务接待中，为了表现良好的礼仪风范，给客人留下良好的印象，必须事先进行充分的准备。一般来说，从收到来客通知的那一刻起，公务接待工作便正式进入准备阶段。准备工作主要包括以下几个方面的内容。

1. 美化空间，布置环境

室内空间环境包括室内的空气质量、光线强度、室内布置及办公室设备等客观因素。良好的空间环境可以让客人一进门就感到舒适。室内应通风良好，相对湿度、温度适宜。光线要充足，不可让人有阴森森的感觉，但亮度过强，使客人产生压迫感。为了保持室内安静，可以铺设地毯。同时，室内要干净整洁，桌椅要排列整齐，玻璃要干净明亮。欢迎宾客的海报必须事先张贴在显眼的地方，欢迎词要恰当得体。

除此以外，会客室或办公室内可以摆放一些鲜花或绿色植物，摆放的位置以不妨碍视线交流和人员活动为宜。绿色植物要适时浇水；插花要保持新鲜，鲜花最好是当天或前一天插好。室外也要做好绿化工作，草皮或花木要修剪整齐。

2. 了解客人的情况

无论是受本公司邀请还是主动来访的客人，接待人员都应该了解客人的基本情况，包括来访的目的、会谈的内容、来访路线、所乘的交通工具、抵达和离开的时间，以及来宾的公司名称、人数、姓名、性别、职务、生活习惯等。

3. 制订接待方案

了解客人的基本情况以后，要及时向领导报告并制订接待方案，包括确定招待的档次、活动安排、场面规模、陪同人员等。

接待活动一般包括迎送、会见、带领参观、宴请、送至宾馆等多个项目。安排时要考虑多方面因素，活动方案力求详细、具体。整理好后上报领导审批，审批通过后及时发送给客人及其他接待人员，并打印一定数量的纸质文件供后续使用。

4. 接待人员的个人准备

接待人员的个人准备主要包括仪容、仪表准备和心理准备。接待人员应做到服装整洁、举止大方，要以良好的职业形象迎接客人。接待人员还必须做好随时欢迎客人光临的心理准备，做好与同事相互协作的心理准备。

5. 做好物资准备

（1）文件资料准备

客人到来之前，必须先将相关资料准备妥当，比如与商业洽谈相关的文件、想要向客人展示的产品的相关资料等。这些资料若是在客人抵达之后再

慌慌张张地寻找，就会给人不专业的感觉，也是不尊重客人的表现。此外，还必须准备一些介绍本公司历史、机构、宗旨、服务项目等的宣传册，以便随时赠送给客人。

（2）饮品与点心的准备

饮品可以有水、茶、咖啡、果汁等，如有条件可以准备多种饮品供客人选择。如需泡茶，则应准备干净的茶具，茶具包括茶盘、茶杯、茶垫、茶匙等。点心最好准备容易食用的，尽量避免难嚼、粘手、味道重的点心。同时，还应准备一些叉子、牙签与纸巾。较正式的会议可准备一个较大的盘子，让客人知道应将所有的杯、盘、纸巾放入盘中，不至于乱放，影响环境的整洁美观。

（3）报纸与杂志的准备

可以准备报纸和杂志供客人阅读。报纸最好是当天的，杂志也应该是最近几期的。

（4）名片的准备

如果有名片，必须将名片准备好并随身携带。当接受客人名片的时候，应礼貌地回送一张。

三、接待礼仪

在接待过程中，最基本的礼仪是要有“三声”，即来有迎声、问有答声和去有送声。此外，还须注意以下几个方面。

1. 迎接客人

（1）前台接待人员的迎接礼仪

无论是主动拜访的客人还是受邀而来的客人，只要他们一进门，前台的接待人员就应立即上前，微笑着向客人问候，可以说：“您好，很高兴能帮助您！”“您好，欢迎您！”紧接着询问客人的身份及来访事由。

如果是临时来访、没有预约的客人，应请客人稍候片刻，然后打电话通报客人打算拜访的人，说明有客人来访，询问其是否方便接待。若是其不愿接见，不可直接向客人说明，可以委婉地说某人不在，然后请客人留下名片，并承诺代客人转交。

如果是受邀前来的客人，接待人员可向客人说：“您好，×××正在等您！”然后亲切地引导客人至会谈的地点。也可以先将客人引进会客室，然后立即告知相关人员。

（2）迎接远道而来的客人的礼仪

①对前来访问、洽谈、参加会议的客人，应首先了解客人到达的车次、航班，并安排与客人身份、职务相当的人员一同前去迎接。若是因为某些特殊原因，身份相当的人员不能前往，代替其前去迎接的人应向客人进行解释并表达歉意。

②到车站、机场、码头去迎接客人，可以准备好接站或接机牌，应提前15分钟或半个小时到达，绝不能迟到。

③接到客人后，应首先向客人问候，可以说："您一路辛苦了。""欢迎您来到我们公司！""欢迎您来到我们这座城市！"然后应立即向客人做自我介绍，如有名片应递上名片。若客人不知道如何称呼自己为好，可以主动说："您就叫我小×好了。"介绍完毕，应主动把客人的行李接过来。客人坚持自己提的东西我们不要勉强，因为里面可能放有比较重要的个人物品。

④应提前为客人准备好交通工具。若是客人到了再匆匆忙忙准备交通工具，不但浪费客人的时间，而且很可能耽误整体的行程，另外也会给客人留下了办事不力的印象。

⑤迎接途中不能一言不发，可以向客人说明本次活动的背景、筹备工作等，也可介绍当地的风土人情、旅游景点、气候物产、历史名人等。

⑥应事先为客人准备好住宿，帮客人办理好入住手续并将客人领进房间，向客人介绍宾馆的位置、服务、设施等。另外，还要把活动的计划、日程安排等介绍材料送给客人。

⑦将客人送到住处后，迎接人员不要立即离去，应陪客人稍做停留，回答客人的提问。但是也不宜久留，因为客人旅途劳累，应该让客人早些休息。离开时将下次见面的时间、地点、方式等告诉客人。

（3）迎接客人的注意事项

①接待人员在引导客人时，应走在客人的前面为其引路。如果有多人相陪，主陪人员应与客人并排前进，随行人员则走在客人和主陪人员的后边。行至拐弯处或楼梯处，应用手示意方向并加以指示。为安全起见，上下楼梯应单行行进。上楼梯时，客人在前，接待人员在后；下楼梯时，客人在后，接待人员在前。

②乘电梯时，接待人员应先进后出，客人后进先出。

③进出门时，如果是朝外开的门，接待人员应打开门，请客人先进；如果

是朝里开的门，接待人员应先进去拉开门，然后侧身请客人进入；如果是旋转式大门，接待人员应先过去，然后在另一边等候客人。

2. 招待客人

如果将客人引进贵宾室奉茶招待或休息，还应该注意以下两个方面。

（1）引导入座

应引导客人至合适的座位就座。一般来说，以距离门远的座位为宜。如果贵宾室里既有沙发又有普通椅子，则以沙发为宜，并且长沙发要优于单人沙发。如果没有沙发，则应选择较高的座椅，不应将客人引导到较低的座椅上。

（2）奉茶礼仪

请客人入座以后，应给客人奉茶。如果还有点心招待客人，就应先将点心端出，然后奉茶。奉茶前可先询问客人想喝茶、咖啡还是其他饮料。液体不宜斟满，以到杯子高度的 2/3 处为宜。温度不宜太高，以免烫伤客人。上茶时左手托着杯底，右手拿着茶杯的中部，杯耳朝向客人，并从客人的左后侧奉上，同时说："您请用茶！" 奉茶时要讲究先后顺序，一般来说，应先客后主，先职位高的后职位低的，先长后幼。

四、送客礼仪

接待人员应等客人起身后再起身。不可客人一说要走就立即起身，这样会给客人一种貌似等不及要他走的感觉。起身后，要先帮客人留意是否有物品遗漏，然后前去为客人打开门，请客人先行。

若将客人送至办公室门口，则可在门口握手告别，可以说"再见""请慢走""请下次再来"等。若是将客人送至电梯口，则应陪客人一起等候电梯，并且将客人送进电梯，等电梯门关上之后再离开。对身份较为尊贵的客人，往往将客人送至大门口，并帮客人开关车门。请客人上车时，要注意遵循"以后为上"的原则，让客人坐在车的后排座位上，然后帮客人关上车门。客人上车后，接待人员不可立即离去，应向客人挥手告别，然后待车子离开视线范围后方可离去。如果需要到机场、车站、码头等地送行，也要等到客人离开视线范围之后才能离开送行的地方。

本章小结

本章通过介绍宴会礼仪、赠送礼仪及迎送礼仪，使同学们对社交礼仪有了一个基本的认识。不同的社交场合、不同的社交活动对我们的行为举止有着不同的要求，我们应根据具体情况，灵活地运用相关的礼仪，适时地展现自身的才智与涵养。当然，这几部分内容不是相互独立、各不相关的，在某个场合内，可能会要求我们同时具备多项礼仪知识，要求我们的行为举止符合多种礼仪规范。因此，我们必须熟练地掌握各类社交礼仪，让自己熟练、得体地应对社交场合。

活动与探索

1. 与同学讨论中餐礼仪与西餐礼仪的相同点与不同点。

2. 如果某大学校长到你所在的学校演讲，你要代表学校全体同学向这位校长赠送一份礼物，你会挑选什么礼物？

练习与思考

1. 宴会按规格可以分为几类？

2. 简述赴宴礼仪。

3. 赠礼的时机有哪些？

4. 选择礼品应遵循哪些原则？思考一下，若教师节去老师家拜访，可选择哪些礼物？

5. 公务接待前应做哪些准备？

第六章　涉外礼仪

经典
名句

爱人者，人恒爱之；敬人者，人恒敬之。

——《孟子·离娄下》

涉外礼仪是集体或个人在对外交往中所应当遵守的礼仪规范。随着人们生活水平的普遍提高，官方和民间的涉外交往都日益频繁。无论是何种形式的对外活动，集体和个人都应在维护国家及自身尊严、形象的基础上表达对外的尊重与友好，展现自己的风度与格调。

本章介绍基础的涉外礼仪，帮助同学们在一些涉外场合规范自己的言行举止。

第一节　涉外礼仪的基本原则

与外国人交往，必须了解和掌握涉外交往的基本原则。它是对国际交往惯例的基本概括，对参与涉外交往的中国人具有普遍的指导意义。

1. 维护形象

在涉外交往中，个人形象不仅代表个人，还代表着国家，因此我们应遵

照规范塑造自己的良好形象。

（1）仪容

在涉外交往中同样需要遵循有关个人仪容的约定俗成的规范。如：男士不使鼻毛、耳毛外露；女士则不宜暴露腋毛；等等。

（2）表情

最适当的表情应当是亲切、热情、友好、自然的。无论是表情过度夸张，还是表情过于沉重，或者面无表情，都是不应该的。

（3）举止

在涉外交往中，每个人都要有意识地规范自己的行为举止。要坚决改正当众剔牙齿、抠脚丫等不文明的举止，要认真纠正如对人指指点点等失敬于人的行为，要努力做到文明、优雅。

（4）服饰

一个人在服饰方面所做出的选择，不但表现他个人的审美品位，而且充分反映其个人修养。对服饰不加以重视，将会影响个人形象。在涉外交往中，对服饰的基本要求是干净整洁，适合相应的场合。

（5）谈吐

常言道“言为心声”，一个人的谈吐，在人际交往中可以传达其思想、情感。在涉外交往中对谈吐须更加注意。例如，与外国朋友进行交谈时，应使用规范的礼貌语，注意讲话的音量。另外，谈话时不应涉及个人隐私，不评判他人所作所为，不随意打断他人的谈话。

2. 不卑不亢

不卑不亢，是涉外礼仪的一项基本原则。不卑不亢首先表现在尊重自己。在涉外交往中，应以自尊、自爱、自信为基础，在外国人面前表现得豁达开朗、乐观坦诚、从容不迫、落落大方。要谨慎但不拘谨，要主动但不盲动，要自我约束但不畏首畏尾。在坚持自尊的同时，必须注意尊重他人。这主要表现为以礼待人、平等待人、友善待人，尊重对方的风俗习惯，虚心学习对方的优点。

3. 求同存异

中外礼仪与习俗存在一定的差异，在涉外交往中，对待差异，最重要的是了解，而不是评判是非、鉴定优劣。涉外交往中可以尝试找出两国礼仪的共同点，采用本国礼仪的同时，适当地采用一些交往对象所在国现行的礼仪。

4. 入乡随俗

入乡随俗是涉外礼仪的基本原则之一。在涉外交往中，要真正做到尊重交往对象，必须尊重对方的风俗习惯。这样容易增进双方之间的沟通和理解，有助于向外国友人表达我们的友好之意。

5. 信守约定

我们在国际交往中，必须严肃而认真地遵守自己所有的正式承诺，说话必须算数，许诺必须兑现，约会必须如约而至。

6. 热情有度

在涉外交往中，务必要做到热情有度。在直接同外国人打交道时，待人不仅要热情而友好，更要把握好分寸，否则就会事与愿违，过犹不及。

7. 适度谦虚

在国际交往中涉及自我评价时，不应该自吹自擂、自我标榜，一味地抬高自己，同时也没有必要妄自菲薄，自我贬低，自轻自贱，过度谦虚、客套是不合适的。

8. 尊重隐私

在涉外交往中，应尊重每一位交往对象的个人隐私，不询问其个人秘密，不打探其不愿公开的私人事宜。尊重隐私具体表现为“八不问”：不问收入支出，不问年龄大小，不问恋爱婚姻，不问身体健康，不问家庭住址，不问个人经历，不问信仰政见，不问所忙何事。

9. 女士优先

女士优先，是国际社会，尤其是西方国家通行的交际惯例之一。女士优先主要表现在以下几方面。

①尊重女士，如：与女士交谈时，一律要使用尊称；谈话不应令在场的女士感到难堪。

②照顾女士，如：就座时，应请女士坐上座；用餐时，应优先考虑其口味。

③关心女士，如：外出之际，男士要帮女士携带重物；出入房间时，男士要为女士开门、关门。

④保护女士，如：通过危险路段时，男士应走在前面；在马路上行走时，男士应行走在外侧。

思考

表　扬

一位英国老妇人到中国旅游，对接待她的导游小姐评价极好，认为她服务态度好，英语口语水平也很高，便夸奖导游小姐说："你的英语讲得好极了！"导游小姐微笑着回应道："真高兴能得到您的夸奖。"老妇人听了很开心，接下来的行程中大家相处得十分愉快。这位英国的老妇人表示，下次来中国还聘请这位导游小姐。

得到外国友人的赞扬时，我们应如何回答？

第二节　出国旅行的礼仪与常识

出国旅行时，如何通过一言一行，展现自己的良好修养，维护国家形象，是每个人都应认真思考的问题。了解相关的礼仪，并付诸行动，才能使出国行程更加顺畅。

一、出国前的准备

办理出国手续，准备出国物品时，不仅要遵循一般的礼仪规范，还要遵守必要的规矩及国际惯例。

1. 护照

凡出国人员必须持有护照，以便接受检查，证明其国籍和身份。中国公民出入境所持护照分为外交护照、公务护照和普通护照等，我们可以根据自身需求办理。

2. 签证

护照办好后，还应申请所去国家和中途经停国家的签证。办理签证时，我们要认真、实事求是地准备必要的签证申请材料，不得投机取巧、弄虚作假。

3. 体检

走出国门，身体健康极为重要，所以出国前有条件的可以对自己的身体做一次全面检查，有针对性地加强体育锻炼，养精蓄锐，做好启程准备。我们出发前应向相关部门询问是否需要“疫苗接种或预防措施国际证书”，如有需要可根据要求到指定机构注射疫苗，办理证书。

4. 行李

出国之前，应根据前往国家的气候、文化和自己出国的任务性质等准备行李物品。可以先列出所需物品的清单，而后逐一进行准备。可以通过网络查询并收集一些信息来整理和完善自己的行李清单。一般来说，出入境禁止携带的物品有各类生鲜食材、动植物活体、管制药物、危险刀具等。值得注意的是，不同国家海关对携带入境的物品的要求不同，我们应提前查询前往国家的相关规定，以免带来不必要的麻烦。

5. 机票

订票前，首先要选择好出国路线和航班。必须中转换乘飞机时，为尽可能减少中转次数，要选好中转地点，安排好衔接航班。中转地点要尽可能选择过往飞机较多的城市，这会给我们提供较多的改乘其他航班的机会。

6. 换汇

通常国际机场、大旅馆均设有外汇兑换处，可将自由外汇兑换为当地通用货币。兑换时应根据实际需要，用多少就换多少。回国前，如已兑换的当地货币未用完，则应尽可能换回自由外汇。

7. 保密

防止失密、泄密是出国人员应该遵守的纪律，任何人不得擅自携带涉及国家机密的文件、资料和其他物品出国。在境外，如遇到一些陌生人主动与我们接触，则可能存在套取秘密情报的可能。因此，遇到身份不明的陌生人主动搭讪时，不要有问必答，不要透露工作单位、出国任务、政治面貌、下榻地址及外方交往单位、人员名称等信息。

8. 语言

英语是当今世界上主要的国际通用语言。我们出国旅行常用英语进行沟通，因此出国前可以收集整理一些日常用语和相关名词，记录在笔记本或手机上，必要时可以翻看。或在手机上下载一些翻译软件，用来帮助我们与当地百姓沟通。如果条件允许，去一些非英语国家前，我们还可以提前学习几句当地语言，如问候用语、告别用语、感谢用语、数字表达等。

二、基本礼仪与常识

1. 住宿

在国外短期停留，如果没有固定的住所，最好事先预订好住处，一般有以下四种选择。

①青年自助旅社。其好处在于价格便宜，尤其在北欧、日本等高消费地区或国家，住这种旅社可以节省不少钱。不过，其最大缺点在于没有什么隐私可言，多半是多人合住一个房间，因而可能存在财物安全、作息协调等方面的问题。

②民宿。其最大的优点是可以与当地百姓实际接触，更好地了解民风民情，而且有些民宿极具地方民族特色。

③一般旅馆。它们能给入住者提供较好的旅馆服务，并且可以预订房间，非常方便。

④星级宾馆。其能给入住者提供较好的住宿条件和优质的服务。享受星级宾馆内的服务时，最好事先询问清楚收费情况，比如电话如何收费、有线电视如何收费等。如果要让宾馆内的服务人员帮忙，则应支付一定的小费。

无论选择哪种住宿方式，都应注意消防安全。出于安全考虑，应了解住所内安全门在哪里，并亲自看一看。确切了解从房间到安全门的路线、距离、途中的障碍物等，以便发生火灾时能及时逃生。

2. 交通

在国外，常用的交通工具有公共汽车、地铁、出租车、火车等。如果有国际驾照，也可以考虑租车出行。自己开车时，一定要提前了解并遵守当地的交通规则，注意安全，尤其是在英国、澳大利亚等靠左行驶的国家。若没有可在当地驾车的驾照，切勿心存侥幸，违章驾驶。

3. 小费

付小费要注意场合，讲究方法，千万不要说："喂喂，给你小费。"付小费的方式多种多样，可以把小费放在盘子下面，也可以在和招待员握手告别时放在他们手里，或把找回的零钱留下当作小费。小费的金额应根据当地习惯和各种具体情况来确定。

4. 安全

出国期间，人身安全是头等大事，每个人必须谨慎小心，以确保自己的安全。一般来讲，应注意以下几点。

①护照、机票、钱物等重要物品要妥善保管，一般应放在贴身之处，以防不慎丢失或被盗。护照、签证等重要文件最好复印几份，或拍照存档。机票的航班号、登机的机场以及飞机的起飞时间最好记住，或记于备忘录、笔记本中。

②严格遵守所在国的交通法规，无论是走路还是驾车都应照章办事，以免因自身过失而导致交通事故。万一发生交通事故，要尽快与交警取得联系，妥善处理问题，切不可逃避或采取私了的方式解决。

③不要在旅馆、酒店内违章使用电器，以免因此烧断电路，导致火灾。住所的逃生路线一定要在入住时搞清，以便在发生意外时顺利逃生。

④在机场、地铁站、火车站等人员较多的公共场所，要时刻注意防盗。随身携带的行李物品要妥善保管，可在上面做一些特殊标记，以防小偷顺手牵羊或调包。万一发生了失窃事件，要在第一时间通知警方。

⑤出国在外应保证手机通信的畅通。宾馆或入住地点的电话、地址等最好记住或抄写在纸上随身携带。此外，还应掌握基本的问路方法，以便向当地百姓或警察求助。

5. 细节

注意细节可以提升个人的素质。在博物馆随意拍照，随地丢弃垃圾，过马路时闯红灯，在公共场所大声喧哗，都是不文明行为。守时是跟团旅行的基本要求，不要因为个人疏忽而耽误大家的时间。需要注意的是，在酒店、餐馆食用自助餐时要根据自己的食量取食物，避免浪费。不应毫无节制地吃酒店提供的免费小食品。

本章小结

本章重点介绍了涉外礼仪的基本原则，简单介绍了出国旅行的礼仪与常识。通过本章的学习，同学们应了解基本的涉外礼仪，做一个文明的出行者。

活动与探索

1. 国外哪些旅游目的地是你向往的？请选择一个你想去的旅游目的地，制订一份旅行计划，内容包括出行前准备、景点信息、当地风俗和出行注意事项等。

2. 跟团出国旅行途中，参观博物馆时，你看到同团的游客在标明禁止拍照的地点拍照，这时你应该怎么做？

练习与思考

1. 涉外礼仪的基本原则有哪些？

____

____

2. 出国前应做哪些准备？

____

____

3. 出国旅行有什么注意事项？

____

____

参考文献

［1］李波 . 中职礼仪读本［M］. 长沙：湖南人民出版社，2012.

［2］丁建庆，唐立芳 . 中职生礼仪实用教程［M］. 北京：科学出版社，2013.

［3］陈玉奇 . 中职生成长导读：礼仪篇［M］. 北京：科学出版社，2011.

［4］匡致远，周岑，张文英 . 中职实用礼仪［M］. 北京：科学出版社，2016.

［5］李雪梅 . 实用礼仪教程［M］. 北京：中国人民大学出版社，2018.

［6］韦克俭 . 现代礼仪教程［M］.2 版 . 北京：清华大学出版社，2016.

图书在版编目（CIP）数据

实用礼仪 / 李洁主编. —南宁：广西教育出版社，2019.12（2023.9 重印）
ISBN 978-7-5435-8733-5

Ⅰ.①实… Ⅱ.①李… Ⅲ.①礼仪—中等专业学校—教材 Ⅳ.①K891.26

中国版本图书馆 CIP 数据核字(2019)第 268291 号

责任编辑：韦纳斯
责任校对：谢桂清
装帧设计：梁伟琪

出 版 人：石立民
出版发行：广西教育出版社
地　　址：广西南宁市鲤湾路 8 号　　邮政编码：530022
电　　话：0771-5865797
本社网址：http://www.gxeph.com
电子信箱：gxeph@vip.163.com
印　　刷：广西彩丰印务有限公司
开　　本：787mm×1092mm　1/16
印　　张：9.75
字　　数：150 千字
版　　次：2019 年 12 月第 1 版
印　　次：2023 年 9 月第 2 次印刷
书　　号：ISBN 978-7-5435-8733-5
定　　价：30.00 元